Griaß-eich,

schreiben lässt sich die Begrüßungsformel ja noch ganz gut – schön, dass ich sie nicht perfekt tirolerisch aussprechen muss. Wer sich damit eben so schwer tut wie ich, kann die Tiroler auch schlicht mit Grüß Gott, Servus, Hallo oder Hi begrüßen. In Innsbruck ist auch Ciao angesagt.

METROPOLE DER LEBENSLUST

Letzteres zeugt bereits von dem lässigen Lebensgefühl, das in der Alpenmetropole – nicht zuletzt dank der rund 30 000 Studenten – herrscht. In Innsbruck zeigt sich Tirol dynamisch, weltoffen, sportlich und genussvoll. In Wissenschaft und Forschung hat die Tiroler Hauptstadt schon lange einen guten Ruf. In architektonischer Hinsicht auch. Namhafte Architekten haben hier herausragende Bauten geschaffen, wir stellen sie Ihnen auf S. 32 ff. vor.

EINE GIGANTISCHE BERGWELT

Aber das vielleicht Allerschönste an Innsbruck ist die sensationelle Umgebung. Mit dem Auto braucht man von der Altstadt aus nur eine halbe Stunde, und man ist mitten in den Bergen. Wer ganz hoch hinaus will, fährt gleich weiter gen Osten in den Nationalpark Hohe Tauern mit Österreichs höchstem Berg, dem 3798 m hohen Großglockner. Von Kals aus kommt man nah an den Berggiganten heran (S. 114). Wenn es Sie nicht in höchste Höhen und zu langen Touren zieht, probieren Sie doch einmal die Wandervorschläge auf S. 94 aus. Sie sind unterwegs auf Pfaden, die Leib und Seele besonders gut tun. Den Wilde Wasser Weg im Stubaital habe ich ausprobiert, ein herrliches Gefühl inmitten grandioser Natur von tosendem Wasser umgeben zu sein.
Herzlich

Ihre

Birgit Borowski

Birgit Borowski
Redaktion DuMont Bildatlas

»ICH LIEBE DIE BERGE, WEIL SIE MICH DARAN ERINNERN, DASS ICH EIN TEIL VON ETWAS BIN, DAS WESENTLICH GRÖSSER IST ALS ICH.«

Der Bergmotive favorisierende britische Künstler Julian Cooper (geb. 1947)

Der Hamburger Fotograf Ralf Brunner war für diesen DuMont Bildatlas viele Male in Tirol. Die Aufnahme von ihm (oben) entstand im Alpinarium Galtür.
Walter M. Weiss, Reisejournalist und Autor dieses Bandes, lebt in Wien. Wenn er nicht in Österreich unterwegs ist, bereist er bevorzugt Südostasien und den Iran.

40

Aus der Vogelperspektive einfach gigantisch: der Blick aufs Rofangebirge

22

Innsbruck ist Tirols unbestrittene Metropole

32

Neben älplerischer Traditionsbauweise entfalten sich überraschend neue Architekturformen

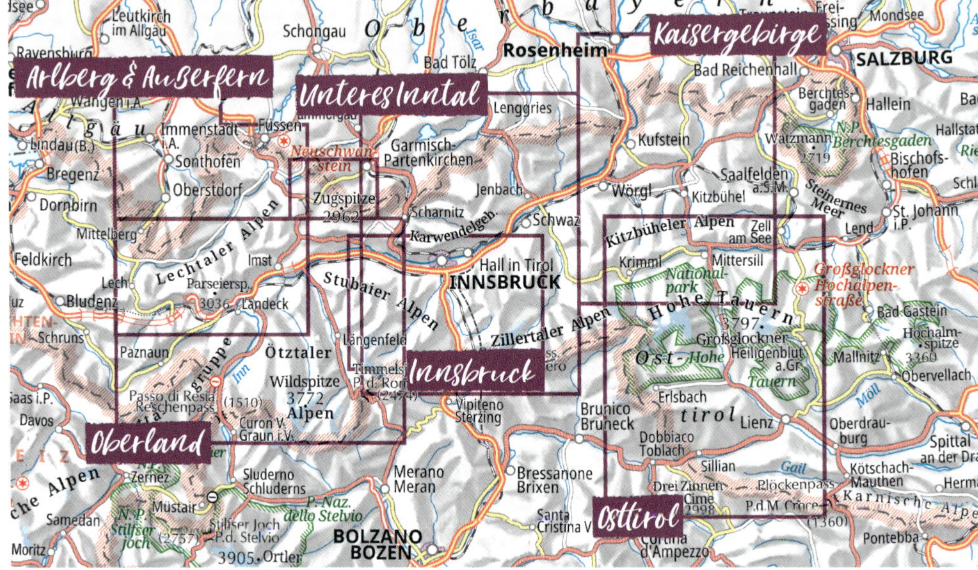

Impressionen

Innsbruck & Umgebung

Unteres Inntal

Kaisergebirge

Arlberg & Außerfern

Oberland

Osttirol

Anhang

Unsere Favoriten

Das Beste erleben

Berührend, aufregend und spannend ...
sind unsere Ideen, die wir für Ihren Aufenthalt
in Tirol zusammengetragen haben.

Fantastisches Erleben

*** 1 ***

BERGISEL-SCHANZE

Zaha Hadids elegant-futuristischer Turm ist eine Ikone der architektonischen Moderne.
Seite 37

*** 2 ***

SWAROVSKI KRISTALLWELTEN

Eine glitzernde Fantasiewelt aus Erlebnispark und unterirdischen Wunderkammern.
Seite 53

*** 3 ***

SILBERBERGWERK SCHWAZ

Die „Mutter aller Bergwerke" erklärt die Arbeitswelt der Knappen von vor 500 Jahren.
Seite 54

Reiner Genuss

*** 4 ***

INNSBRUCKER ALTSTADT

Das historische Herz der Landesmetropole hält Sehenswürdigkeiten der Extraklasse und schöne Shoppingmöglichkeiten bereit.
Seite 37

*** 5 ***

ALTSTADT VON HALL

Weißes Gold bescherte dem Städtchen im Spätmittelalter großen Wohlstand, der bis heute deutlich sichtbar ist.
Seite 53

Gewaltige Natur

*** 6 ***

ACHENSEE

Tirols größter See erweist sich – im Verbund mit seiner Bergumgebung – als Paradies für Aktivsportler (fast) aller Art.

Seite 54

*** 7 ***

ZUGSPITZE

Auf Deutschlands höchstem Gipfel wartet ein atemberaubendes Panorama.

Seite 83

*** 8 ***

UMBALFÄLLE

Am Schluss des Osttiroler Virgentals macht der Wasserschaupfad mit einem überwältigenden Naturschauspiel bekannt.

Seite 113

Große Kunst

*** 9 ***

SCHLOSS AMBRAS

Innsbrucks prächtiges Renaissanceschloss ist ein Publikumsmagnet.

Seite 38

*** 10 ***

STIFT STAMS

Die spätbarocke Pracht lässt Besucher auch heute noch staunen.

Seite 95

*** 11 ***

SCHLOSS LANDECK

In diesem besonders gelungenen Heimatmuseum wird reiche Vergangenheit wieder lebendig.

Seite 96

*** 12 ***

SCHLOSS BRUCK

Auch der einstige Sitz der Grafen von Görz in Lienz beherbergt ein eindrucksvolles Museum.

Seite 114

DER ZAUBER DER BERGE

Das Prädikat „Tirols schönstes Tal" beanspruchen zahlreiche Alpinlandschaften für sich. Welche tatsächlich auf der Rangliste ganz oben stehen, muss jeder Besucher selbst entscheiden. Ein Spitzenplatz gebührt gewiss dem Kaunertal. Dort führt die gleichnamige Gletscherstraße vom Oberinn südwärts, an sanftwelligen, sattgrünen Almmatten entlang bis hinauf in die spektakulär schroffe Welt der Dreieinhalbtausender.

PETERA
LONGCHAMP

METROPOLE DER LEBENSLUST

Tirols Landeshauptstadt ist getränkt mit Geschichte und daher gespickt mit sehenswerten Bauten und Museen. Doch auch dem Dolce Vita lässt sich hier lustvoll frönen. Als populärste Freizeit- und Flanierzone dient Jung und Alt die Maria-Theresien-Straße, die, beschützt von der heiligen Muttergottes auf hoher Säule, quer durch Innsbrucks Stadtkern die zentrale Sichtachse Richtung Nordkette bildet.

SCHÄTZE ZUM STAUNEN

Dass sich berglerische Bodenständigkeit und hochfeiner Kunstsinn bestens vertragen, beweisen die vielen über das Land verstreuten Kirchen, Burgen, Schlösser und Museen. Ein Brennpunkt der Prachtentfaltung ist das Renaissanceschloss Ambras östlich von Innsbruck und dort im Speziellen der verschwenderisch verzierte Spanische Saal.

JOHANNES.
HENRICVS
SI FORTVNA TVIS VIRTVTIBVS ÆQ
MAGNANIMVM POTERAS FACTIS AEQV

KLIRRENDE PRACHT

Langfristig ist wohl auch der Hintertuxer Gletscher, wie all seine eisstarrenden Verwandten der Alpen, vom Klimawandel existenziell bedroht. Doch die nächsten ein, zwei Generationen von Bergwanderern werden sich am spektakulären Anblick seiner schrundigen Zungen im hintersten Schluss des Zillertales mit Sicherheit noch ergötzen können. Und beim Gang durch die Gletscherhöhle über die bizarren Formen staunen.

DIE WELT VON OBEN

Das gesamte Tiroler Land – von Kitzbühel bis zum Arlberg und vom Karwendel im Norden bis zu den Karnischen Alpen an Osttirols Südgrenze – gilt unter Aktivsportlern als Paradies. Ob Golfen, Raften oder Radfahren, Bergsteigen, Wandern oder Skifahren: Das Betätigungsfeld ist schier grenzenlos und wirkt bisweilen, wie hier im Rofangebirge, buchstäblich beflügelnd.

KEIN MORGEN OHNE GESTERN

Die Tiroler sind bekannt dafür, gern vieles beim Alten zu belassen. Sorgsam bewahren sie die Natur, ihre urigen Bauernhöfe und auch den kehligen Dialekt. Was nicht heißt, dass sie gegenüber Zeitgenössischem, ja, der Ultramoderne nicht aufgeschlossen wären. Ihre Traditionen freilich, Trachten, Tänze, Lieder (hier beim Musikfest in Rattenberg), die Küche und, last but not least, ihr christlicher Glaube sind den meisten heilig.

Authentische Souvenirs

ANDENKEN MIT MEHRWERT

Dirndln, Lederhosen, Klöppelspitzen, Holzschlitten oder handgeschöpfte Seifen: In Tirol erweist sich das Traditionshandwerk als quicklebendig. Meistern ihres Faches bei der Arbeit in der Werkstatt über die Schulter zu schauen, fasziniert. Ihre Erzeugnisse zu kaufen, verleiht der Urlaubserinnerung Bestand. Hier eine kleine Auswahl hochwertiger landestypischer Souvenirs.

1

GALLZEINER HOLZRODELN

Natürlich kann man seinen Schlitten anonym bei einer Sportartikelkette kaufen. Individualisten aber, die auch beim Wintersport auf Qualitätshandwerk statt Massenware aus Kunststoff setzen, pilgern in diese kleine, feine Manufaktur. Deren Betreiber, Helga und Bernhard Lederwasch, fertigen in Handarbeit aus Holz, stimmen Kufen, Füße, Schienen exakt aufeinander ab. Das Sortiment ihrer „Gallzeiner Rodeln" ist groß und fein nuanciert, reicht vom klassischen Einsitzer und der schnittigen Fun-Sportrodel bis zum Komfortmodell mit erhöhter Sitzposition für Senioren. Auf Wunsch bekommt man sogar seinen Namen auf den Sitz gestickt.

Gallzeiner Rodeln, St. Margarethen 152f, A-6200 Buch bei Jenbach, Tel. 05244 650 93, www.gallzeiner-rodel.at

FEDERKIELSTICKEREI STIEGLER

Es ist eine mittlerweile seltene wie filigrane Kunst, die Alexander Stiegler pflegt: In sechster Generation schmückt er Rindsleder mit feinsten Schriftzügen und Ornamenten, indem er es mit gespaltenen Kielen von Pfauenfedern bestickt. Hauptprodukt sind „Ranzen", jene breiten Leibgürtel, die kein Tiroler Trachtenträger, Schütze, Blasmusikant missen mag. Es sind Unikate, hochpreisige Statussymbole, in denen unzählige Arbeitsstunden stecken. Doch keine Sorge: In der Stiegler'schen Werkstatt findet sich auch erschwingliche Ware: Handtaschen etwa und Hosenträger, Gürtel, Geldbeutel ...

Federkielstickerei Stiegler, Ahrnbachstraße 22, A-6272 Stumm im Zillertal, Tel. 0664 394 83 50, www.federkielstickerei.at

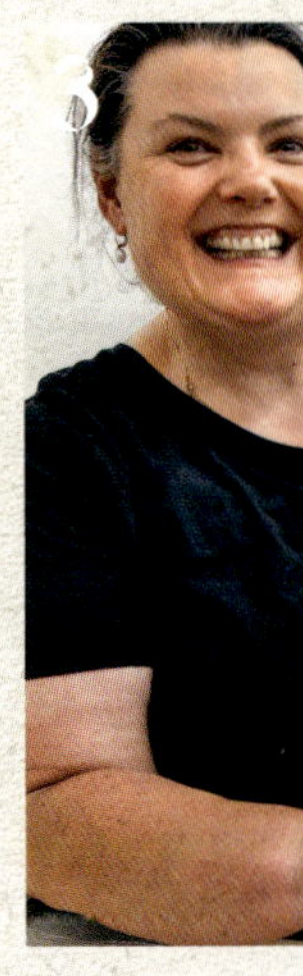

3

WEBEREI SCHATZ

Noch ein kleiner Familienbetrieb, der altes Handwerk großschreibt: Auf dem Dorfplatz im schönen Karrösten stellt man aus Flachsfasern das neuerdings wieder hoch begehrte Naturprodukt Leinen her. Und zwar auf mechanischen Webstühlen nach überlieferten Mustern. Außerdem hält man hier die ursprünglich wohl im Italien des 16. Jahrhunderts entstandene Kunst des Klöppelns hoch. Das Ergebnis: aufwendig mit Spitzen verzierte Borten, Polster, Platz- und Tischdecken.

Weberei Schatz, Dorf 27, A-6463 Karrösten, Oberland, Tel. 05412 6 58 09, www.weberei-schatz.at

TRACHTEN STOLZER

Dass Trachtenmode nicht zwangsläufig herkömmlich, traditionalistisch daherkommen muss, hat man im Herzen Kufsteins schon lange verinnerlicht. Seit vier Jahrzehnten interpretiert man zu Füßen der Festung das Thema Tracht nach dem Motto „flippig – fetzig – frech", lustvoll, vielfältig und kreativ. Entsprechend hängen und stapeln sich in den Regalen passende Stücke für jeden Anlass – vom festlich-glanzvollen Dirndl und feinen Sakko bis zum coolen Skipulli und der Kinderlederhose, dazu Hemden, Blusen, Mieder, Accessoires von zahlreichen Trendsetter-Marken.

Trachten Stolzer, Kirchgasse 3, A-6330 Kufstein, Tel. 05372 639 65, www.trachtenstolzer.at

ST. JOHANNER LEDERSTADL

Wer „Hose" sagt, denkt in Tirol automatisch an Leder. Trug nicht schon Ötzi vor über 5000 Jahren Schuhe, Umhang und Mütze aus gegerbter Tierhaut? Markus Ritsch hat sich auf die Herstellung des klassischen Tiroler Beinkleids, kurze oder knapp überknielange Lederhosen, spezialisiert. Aus feinstem, in der Region gefertigtem Sämisch-Hirschleder näht er von Hand und nach Maß Prachtexemplare unverwüstlicher Krachlederner. Wobei deren künftiger Träger vorab im 3D-Konfigurator spezifische Merkmale wie Farbe, Art der Ziernähte, Material der Knöpfe und Taschenform auswählen kann.

St. Johanner Lederstadl, Schwimmbadweg 1, 6380 St. Johann in Tirol, Tel. 05352 633 82, www.beinkleid.at

SCHMIEDE STEIDL

Sein Beruf hat zweifellos etwas Archaisches. Urbilder von muskulösen Hünen mit wuchtigen Hämmern an Funken sprühenden Feuern erstehen vor dem inneren Auge. Dass Schmiede auch Filigranes zu fabrizieren verstehen, beweist Alfons Steidl. In seinen Schöpfungen – Lampen für innen und außen, Deko-Objekte, Stühle, Regale, auch Beschläge und Schlösser – verschmelzen Gegenwartsdesign und die von seinen Vorfahren seit mehr als 200 Jahren an der Esse kultivierte Tradition zu modernen Meisterwerken.

Schmiede Steidl, Haus 76, 9332 Innervillgraten, Osttirol, Tel. 04843 53 09, www.schmiede-steidl.at

09

Innsbruck & Umgebung

*

DIE HAUPTSTADT DER ALPEN

*

Die Landesmetropole am Inn schafft den schwierigen Spagat: Von mächtigen Bergketten beschützt, wehrt sie sich mit Speckknödeln, ehernem Traditionsbewusstsein und kehligem Dialekt erfolgreich gegen jede falsche Vereinnahmung. Zugleich kultiviert sie eine sehr zeitgemäße, dynamische Weltoffenheit. Ein Paradox? Im Gegenteil!

Über den Dächern von Innsbruck lassen sich in der Café-Bar „360°" nicht nur blaue Stunden genießen.

Vorbei an der Innsbrucker Hofburg führt die schattige Hofgasse zum Stadtplatz mit dem Goldenen Dachl.

Innsbrucks Postkartenblick: Maria-Theresien-Straße mit der Annasäule im Vorder- und der Nordkette im Hintergrund (oben). Die heutige Geschäftsstraße wurde 1873 nach Kaiserin Maria Theresia benannt (unten).

Weltweit gibt es wohl kaum eine prunkvollere Loge als das Goldene Dachl hoch über dem Stadtplatz Innsbrucks.

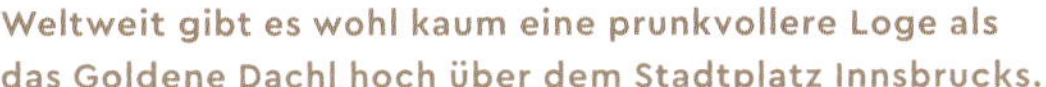

Mit Anbruch der blauen Stunde wird das Café des Restaurants „Lichtblick" zur „360°"-Weinbar.

Warum denn nicht mit dem Blick vom oberen Ende der neuen Hungerburgbahn beginnen, an einem sonnigen Vorfrühlingstag? Da spiegeln sich in der eisgrauen Kunststoffhaut der spacigen Bergstation, mit der Stararchitektin Zaha Hadid die Formen der urzeitlichen Inntalgletscher imitierte, die noch weißen Felsgrate und Gipfel der Nordkette. Aus dem Süden, vom Wipptal her, weht leichter Föhn, der Schnee und Herzen zum Schmelzen bringt. Und während ich mir auf der Terrasse des „Hungerburg", des neuen In-Treffs hier oben, einen opulenten Brunch gönne, kann ich genüsslich den Blick über die Stadt schweifen lassen.

Da liegt das „Hauptstadtele", wie die Tiroler ihre 130 000-Einwohner-Metropole liebevoll nennen, also hingebreitet. Im Zentrum die winkelige, von Kirchtürmen und grünspanigen Kuppeln durchsetzte Altstadt; östlich angrenzend der Ortsteil Saggen mit seinen Jugendstilvillen; davor, sanft gekurvt, der vom Gletscherschliff tatsächlich grüne Inn; und weiter hinten, legendär als Schauplätze zweier Winterolympiaden, aber auch der Fußball-EM 2008, die Tivoli-Stadien. Als Wermutstropfen fürs Auge wirkt der Kranz schnöder Plattenbausiedlungen. Während sich vis-à-vis am Bergisel Zaha Hadids zweiter Geniestreich, die Skisprungschanze, wie eine Kobra und mit eleganter Vehemenz gegen jedwedes ästhetische Mittelmaß aufbäumt.

VON BERGFEXEN UND WALDRAPPEN

Irgendwann bin ich restlos satt von den knusprigen Tiroler Schwarzbroten und habe – Indiz für die Italianisierung der hiesigen Kaffeekultur – meinen dritten Illy-Mokka gekippt. Den Sinnen genügt jetzt die Vogelperspektive. Wäre ich jünger, ein sportiver Bergler, und trüge Jeans, deren Schritt bis zwischen die Kniekehlen reicht, würde ich nun wohl mein Snowboard packen und per Seilbahn hinauf zum Hafelekar entschweben. Innsbruck gilt als inoffizielle Snowboardhauptstadt Europas. Wäre es Sommer, könnte ich dort den neuen, vom berühmten norwegisch-amerikanischen Architekturbüro Snohetta mit Erlebniselementen aus Lärchenholz und Stahl versehenen Perspektivenweg versuchen. Oder, länger und anstrengender, auf dem Goetheweg hinein in die schrundige Welt des Karwendel wandern. So aber stapfe ich zwischen Krokussen und Schneeglöckchen durch den Wald Richtung Tal.

IN DER »WELTSTADT IM GEBIRG« LASSEN SICH SPORT UND LEBENSFREUDE WUNDERBAR VEREINEN.

Ein Zwischenstopp im Alpenzoo, um Luchs und Wolf, Adler, Bartgeier und Bär „Grüß Gott" zu sagen. Danach, beim Weitermarsch, vorbei an Weiherburg und Schloss Büchsenhausen, scheint die rechte Zeit gekommen, um Innsbrucks Wurzeln nachzuspüren – den Römern, die drüben im heutigen Bezirk Wilten von ihrem Kastell Veldidena aus den Fernhandelsweg zwischen süddeutschem und Adriaraum kontrollierten; den Grafen von Andechs, die Ende des 12. Jahrhunderts die ursprünglich bajuwarische Siedlung ans Südufer verlegten; und natürlich den habsburgischen Landesherren, die auch dieser Stadt 500 Jahre lang ihren Stempel aufdrückten.

SCHWARZE MANDER UND GOLDENES DACHL

Womit wir schnurstracks im mittelalterlichen Stadtkern und bei dessen altehrwürdigen Wahrzeichen gelandet wären. Der Sightseeing-Kanon im Schnelllauf: Innsbruck zu erkunden heißt zunächst, in der Hofkirche den 28 Schwarzen Mandern die Parade abnehmen, die dort, kunstfertig aus Bronze gegossen, das Grabmal Maximilians I. umstehen. Es bedeutet, den Dom, die Kaiserappartements der Hofburg und das benachbarte Volkskunstmuseum besichtigen. Nicht zu missen ist außerdem die Postkartenansicht

MAXIMILIANS TRAUM, INNSBRUCK ZUR HAUPTSTADT EINES WELTREICHES ZU MACHEN, BLIEB UNERFÜLLT.

von Schloss Ambras draußen am Stadtrand, wo einst Ferdinand II. mit seiner heimlichen Gattin, der schönen Philippine Welser, residierte und uns Heerscharen blitzender Ritterrüstungen und eine fürwahr wundersame Wunderkammer hinterließ.

Und dann ist da natürlich das Goldene Dachl, ewige Nummer eins der örtlichen Pflichtziele. An Spitzentagen, um Mariä Himmelfahrt oder Weihnachten, mögen sensible Gemüter den Platz vor dem ach so fotogenen Erker, den sich Maximilian um 1500 als Zuschauerloge für seine Turniere bauen ließ, als unbesuchbar empfinden – überbordend mit Souvenirkitsch und Fernöstlern, die verzweifelt versuchen, Displays ihrer Smartphones über die Köpfe der drängelnden Europäer zu halten. Auch jetzt, Mitte März, wird rasch offensichtlich: Innsbrucks Altstadt ist keine Museumszone für „die Fremden“ – ja, so nennt man Touristen hierzulande bis heute gern. Es sind doch mehrheitlich „Hiesige“, die sich

Türme und Kuppel des Innsbrucker Doms St. Jakob; davor erhebt sich der Stadtturm

Unter den 28 Schwarzen Mandern am Grabmal Kaiser Maximilians sind auch einige hochherrschaftliche Damen.

Beliebter sommerlicher Treffpunkt: vor dem Haus der Musik bei der Hofburg an der Rennbahnstraße

Seit der Herrschaft Maria Theresias präsentiert sich die Innsbrucker Hofburg im Stil des Wiener Rokoko – hier der Prunksaal.

Schloss Ambras: Der Spanische Saal entstand in der großen Renaissancebauphase.

Schloss Ambras: Der Schlosspark zwischen Ober- und Unterschloss erinnert noch an Renaissancezeiten.

beim „Plangger" und in der Hörtnagl-Passage mit erdigen Delikatessen wie Räucherwurst und Wacholderbrand eindecken, den Alltag in den Konditoreien „Katzung" und „Munding" versüßen oder in den heimeligen „Zirbenstuben" der Ottoburg an Schlutzkrapfen oder deftigen Graukasknödeln gütlich tun.

UNBÄNDIGE FREIHEITSLIEBE

Das Pauschalurteil freilich, in Innsbruck herrsche vorrangig knorrig-katholisches Älplertum, war niemals falscher als heute. Dafür sorgen allein schon 30 000 Studenten. Gewiss, die geheiligten Traditionen wirft, was ein waschechter Tiroler ist, nicht leichtfertig über Bord. Ein Aufmarsch der Schützenkompagnien vor der Hofburg zum Beispiel gilt ihm, auch wenn das Fahnengeschwinge, Salvengeschieße und Trachtlerpathos auf Uneingeweihte anachronistisch wirken mag, als unverzichtbarer Höhepunkt im Brauchtumskalender. Auch drüben am Bergisel, wo Andreas Hofer anno 1809 Bayern und Franzosen schlug und im Tirol Panorama ein Riesenrundgemälde die identitätsstiftenden Heldentaten jenes Freiheitskampfes illustriert, pflegt man beim Kaiserjägerschießen patriotische Inbrunst. EU-Europäer runzeln wohl angesichts des Trauerflors die Stirn, der das Grab des Freiheitskämpfers in der Hofkirche ziert, „so lang, bis Nord- und Südtirol wieder vereint sind". Auch das im kehligen Brustton der Überzeugung deklamierte „Bischt a Tiroler, bischt a Mensch" mag den Political Correctness verpflichteten Tiefländler erstaunen.

Doch vielleicht sind, zumindest hege ich diesen Verdacht, solch markige Statements und Rituale

TÖNE AUS ERZENER GLUT

Seit mehr als 400 Jahren gießt die Firma Grassmayr Glocken. An ihrem Sitz in Wilten lädt sie Besucher ein, in deren wundersame Klangwelten einzutauchen.

Sie gilt als Stradivari unter den Glocken, erkennbar an ihrer Engelskrone und der feinen Verzierung. Was eine „echte Grassmayr" freilich vor allem auszeichnet, ist ihr Klang – der lange Nachhall etwa oder die hohe Harmonie zwischen den bis zu 200 Teiltönen. „Begonnen hat alles 1599 im Ötztal", erzählt Johannes Grassmayr. 1836 übersiedelten die Vorväter nach Innsbruck. Heute schlagen Erzeugnisse des ältesten Familienunternehmens Österreichs in über 100 Ländern – die berühmteste auf dem Mosesberg im Sinai; die weltweit größte, vier Meter hoch und 25 Tonnen schwer, in Bukarest. Außerdem fertigt man hölzerne Glockenstühle, Turmuhren und kolossale Klangschalen. Das Firmenmuseum bietet Einblicke in die Geheimnisse der Gießerzunft, den Werdegang von Glocken und deren Bedeutung in der abendländischen Kultur.

Das Museum Schloss Ambras geht auf die Sammlungen und Rüstkammern Erzherzog Ferdinands II. zurück.

Tiroler Landesmuseum Ferdinandeum: Im Kuppelsaal werden mit den Figuren des frühbarocken Leopoldsbrunnen Meisterwerke des Bronzegusses präsentiert.

Die Modernen Sammlungen des Ferdinandeums versuchen der österreichischen Kunst des 20. Jahrhunderts und der Gegenwartskunst Raum zu geben.

Blick auf die Innsbrucker Mariahilfstraße am Nordufer des Inn

Panorama vom Kaiserjäger-Museum am Bergisel

Beine und Seele baumeln lassen am Inn (links). Innsbrucks Altstadt mit der Bergisel-Schanze im Hintergrund (rechts)

bloß noch Folklore. In Wahrheit hat sich auch hier, an der Mündung der Sill in den Inn, längst Weltläufigkeit breitgemacht. „Aufi muaß i!" Die generationenalte Maxime aller freiluft- und gipfelsüchtigen Innsbrucker jedenfalls lässt sich zweifellos auch metaphorisch für geistige Spitzenleistungen verstehen. Weisen nicht örtliche Quantenphysiker mit Experimenten zur Teleportation der ganzen Welt einen entscheidenden Weg in die Zukunft der Informationstechnologie? Genießt nicht die hiesige Uniklinik als Hotspot der Transplantationschirurgie international höchste Reputation? Und sind nicht die von dem Innsbrucker Medizintechnik-Unternehmen MED-EL entwickelten mikroelektronischen Hörimplantate als weltweit einzige in der Lage, mittels Stimulierung der Nervenfasern ein taubes Gehör zu reaktivieren? Gar nicht zu reden davon, wozu die Stadt in architektonischer Hinsicht fähig ist!

„Innschbruck hat sich bärig verändert", meint auch Birgit, mit der ich in der Café-Bar „360°", einem gläsernen Rundpavillon auf dem Dach des neuen, ultraschicken Rathauses, ins Gespräch gekommen bin. Die Medizinstudentin mit einem Faible für Gegenwartskunst ist ganz begeistert von der einschlägigen quicklebendigen Szene. Beschwingt von einem Gläschen feinem Cuvée und immer wieder mal unterbrochen vom Düsenlärm einer dicht über uns zur Landung in Kranebitten ansetzenden Maschine, erzählt sie von ihren Lieblingsgalerien – der im Palais Taxis etwa, oder der Plattform 6020 oder der Galerie Thoman. Sie schwärmt von den Themenschauen des Architekturzentrums im ehemaligen Adambräu und rät dringend, die Wandbilder von Max Weiler im neuen Hauptbahnhof anzusehen.

ADRENALINKICKS UND NATURGENUSS

Apropos Schwärmen: Zu guter Letzt gehören noch jene beiden Trümpfe hervorgehoben, mit denen Innsbruck sticht – die unmittelbare Nähe der Berge. Man muss ja nicht gleich im Gästebob den olympiaerprobten Eiskanal in Igls hinunterdonnern oder auf den Spuren von Franz Klammer, dem Goldmedaillengewinner von 1976, die Skiabfahrt vom Hausberg Patscherkofel absolvieren. Manch einer ist schon glücklich, wenn er schön eben dahinpromeniert, golft, zwischen Latschenkiefern über weichbödige Almen biket oder wandert.

Und wen schließlich doch der Wagemut kitzelt, der kann ja die Bergisel-Schanze erklimmen. Angekommen, ergreift einen nicht nur Fassungslosigkeit angesichts der Tatsache, dass sich ein sterbliches Wesen hier oben freiwillig auf Skiern in die gähnende Tiefe hinab, dem Wiltener Friedhof entgegenstürzt. Es packt einen, wenn man den Blick über die ganze Gipfelwelt schweifen lässt – von der Nordkette über Wilden Kaiser und Kellerjoch weit im Osten, die Serles und Nockspitze bis zur Martinswand –, angesichts all der Pracht auch Euphorie. Und man gibt endgültig jenen findigen Werbestrategen recht, die Innsbruck zur „Hauptstadt der Alpen" erkoren haben.

Das Innsbrucker Haus der Musik am Rennweg sieht sich als Zuhause für Musik und Theater.

Moderne Architektur

ALPINE AVANTGARDE

Tirol kann auch zeitgenössisch kühn. Als Kontrapunkte zum Klischee vom knorrigen Älplertum und Holzbalkon mit Geraniendekor haben Architekten von Weltrang vielerorts in Stadt und Land futuristische Bauten geschaffen. Die Leistungsschau umfasst Kunsttempel und Kaufhäuser ebenso wie Hotels, Schutzhütten oder Bergbahnstationen.

Nordkettenbahn: Die Station Hungerburg ist von den Eis- und Schneelandschaften der Region inspiriert.

Kongresszentrum des Forums Alpbach

Die Gebäudefronten sind meist voll verglast und verströmen bei Dunkelheit einladend warmes Designerlicht. Oder sie sind mit hellem Holz verkleidet, manche mit glänzendem Metall, edel geschwungen oder schräg gezackt, sie schweben auf Stelzen über Schluchten, sind in Berghänge gegraben. Im Inneren schreitet man über edle Fußböden aus Kunstharz oder geöltes Eichenparkett. Die Decken aus verzinktem Blech, schwarzem Glas; an den Wänden Grafiken, Gemälde, auch literarische Zitate ... Wer in Tirol Lebensmittel einkauft, tut dies vielerorts, selbst in entlegenen Bergdörfern, nicht in gewohnten standardisierten Selbstbedienungs-Schuhschachteln. Stattdessen in Räumen zum Wohlfühlen, ohne Musik- und Werbeberieselung, dafür mit viel Freiraum.

SUPER MÄRKTE

Als „seriously sexy supermarkets" bezeichnete das Londoner Trendmagazin „Wallpaper" die an dem roten Würfellogo erkennbaren Filialen der Einzelhandelskette Mpreis. An die 300 betreibt das Familienunternehmen mit Stammsitz in Völs bei Innsbruck insgesamt, und die Mehrheit von ihnen, alle jüngeren, wurden jeweils von verschiedenen einheimischen Architekten individuell gestaltet. Mpreis habe der modernen Architektur im Land einen wesentlichen Schub verliehen, schwärmt Arno Ritter, Leiter des Tiroler Architekturzentrums aut. „Jeder neue Markt setzt eine neue Benchmark." Und er bescheinigt der Firma sogar eine pädagogische Funktion: Sie sei subtiler Volksbildner, denn „ein Supermarkt ist ein Alltagsraum. Wer hier einkauft, bekommt ganz nebenbei vermittelt, wie zeitgenössische Ästhetik, Raumatmosphäre und Materialqualität wirken." Ein Indiz für die außergewöhnliche Qualität des Konzepts: 2004 wurde Österreich bei der Architektur-Biennale in Venedig durch Mpreis vertreten.

AUSSERIRDISCHE ERSCHEINUNGEN

Ein Schwerpunkt der Baukünstler, die mit dem Anspruch zu Werke gehen, ästhetischen Mehrwert zu generieren, liegt im Gebirgsland Tirol naturgemäß auf alpinistischer Infrastruktur. Längst den Status einer Stilikone und jedenfalls den des bedeutendsten Sportbauwerks in Österreich genießt Zaha Hadids Skisprungschanze, die am Südrand von Innsbruck höchst elegant gekurvt wie eine aufgerichtete Kobra weithin sichtbar den Berg Isel bekrönt. Die 2016 verstorbene britisch-irakische Primadonna der Weltarchitekturszene hinterließ auch vis-à-vis, am Fuß der Nordkette, aufregende Spuren: die mit ihren amorphen Glas-Dachschalen grünlichweiß wie Gletschereis glänzenden Stationen der Hungerburgbahn.

Und auch in St. Anton am Arlberg scheint es, als hätte sich mitten im Ortszentrum, in Sichtweite von Trachtenboutiquen und Hotels im Chalet-Stil, ein extraterrestrisches Fabelwesen aus einem Science-Fiction-Film niedergelassen. In Wahrheit handelt es sich um die Talstation der Seilbahn auf den Hausberg Galzig. Die Konstruktion entsprang nicht etwa der exzentrischen Laune ihres Schöpfers, Georg Driendl. Vielmehr dient sie dem ehernen Design-Grundsatz „form follows function". Ihr schneckenhausrundes Gehäuse birgt, dank der transparenten Glasfassade bestens einsehbar und des Nachts effektvoll illuminiert, zwei riesige Räder, über welche die Seilbahnkabinen derart abgesenkt werden, dass die Fahrgäste ebenerdig ein- und aussteigen können. 2006, zur Zeit ihrer Eröffnung, eine Weltneuheit, auf die der Arlbergort bis heute zu Recht stolz ist.

KUNSTTEMPEL UND KONSUMKATHEDRALEN

Nicht nur Natur und Sport, auch Kunst und Kommerz vereinen sich in Tirols Architekturlandschaft aufs Schönste. Letzteren verkörpern in der Landeshauptstadt exemplarisch die vom französischen Stararchitekten Dominique Perrault entworfenen und bis 2002 realisierten Einkaufsgalerien im Rathauskomplex oder David Chipperfields Kaufhaus Tyrol, 2010 eröffnet. Als Stiljuwelen funkeln seit 2006 bzw. 2004 aber auch Heinz Tesars BTV-Stadtforum und die von Rainer Köberl ganz in Schwarz gehaltene Buchhandlung Wiederin.

Herausragend aus dem flachen Terrain des Unterinntals, und das nicht nur buchstäblich, ist der

Altes und Neues kommen zusammen in Dominique Perraults Konzept, das Innsbrucker Rathaus mit den umliegenden Gebäuden zu vereinen, darunter ein Hotel (Foto). Für den bunten Lichteindruck war der Konzeptkünstler Daniel Buren verantwortlich.

schwarze spitzkantige Zubau, den das Wiener Architektenpaar Delugan-Meissl in Erl bei Kufstein dem dortigen halbrunden weißen Festspielhaus aus den 1950er-Jahren bis 2012 verpasst hat. Ähnlich spektakulär im besten Sinne ist das FoRum, das streng kubische Kultur- und Kongresszentrum in Rum. Und als architektonisch absolut auf der Höhe der Zeit erweist sich schließlich auch, was sich der Hotelier Florian Werner in St. Christoph im äußersten Westen in sein aus dem legendären Hospiz hervorgegangen Luxusresort „arlberg 1800“ einbauen ließ: einen teils unterirdischen, ultraschicken Komplex aus Konzertsaal und Galerie für Gegenwartskunst.

AUF EINEN BLICK

INNSBRUCK

Skisprungschanze (www.bergisel.info), Hungerburgbahn (www.nordkette.com), Buchhandlung Liber Wiederin (Erlerstraße 6), Stadtforum der Bank für Tirol und Vorarlberg (Glimstraße 1, www.btv.at/filiale/innsbruck-stadtforum), Kaufhaus Tyrol (Maria-Theresien-Straße 31, www.kaufhaus-tyrol.at), Rathausgalerien (Maria-Theresien-Straße 18, www.rathausgalerien.at)

AUSSERHALB INNSBRUCKS

Mpreis-Märkte (www.mpreis.at), Galzigbahn (www.arlbergerbergbahnen.com), Festspielhaus Erl (www.tiroler-festspiele.at), FoRum Rum (www.rum.gv.at)

TIROLER ARCHITEKTURZENTRUM

Denkbar umfassende Information (auch online, etwa in Form von architek(tour)-Führern zum Downloaden) und eine Fülle einschlägiger Veranstaltungen bietet das im früheren Sudhaus des Adambräu einquartierte „aut. architektur und tirol“ (Lois-Welzenbacher-Platz 1, Innsbruck, Tel. 0512 57 15 67, www.aut.cc; Di.–Fr. 11.00–18.00, Sa. 11.00– 17.00 Uhr).

Die Bergiselschanze zeigt von jeder Seite ein überraschend anderes Aussehen.

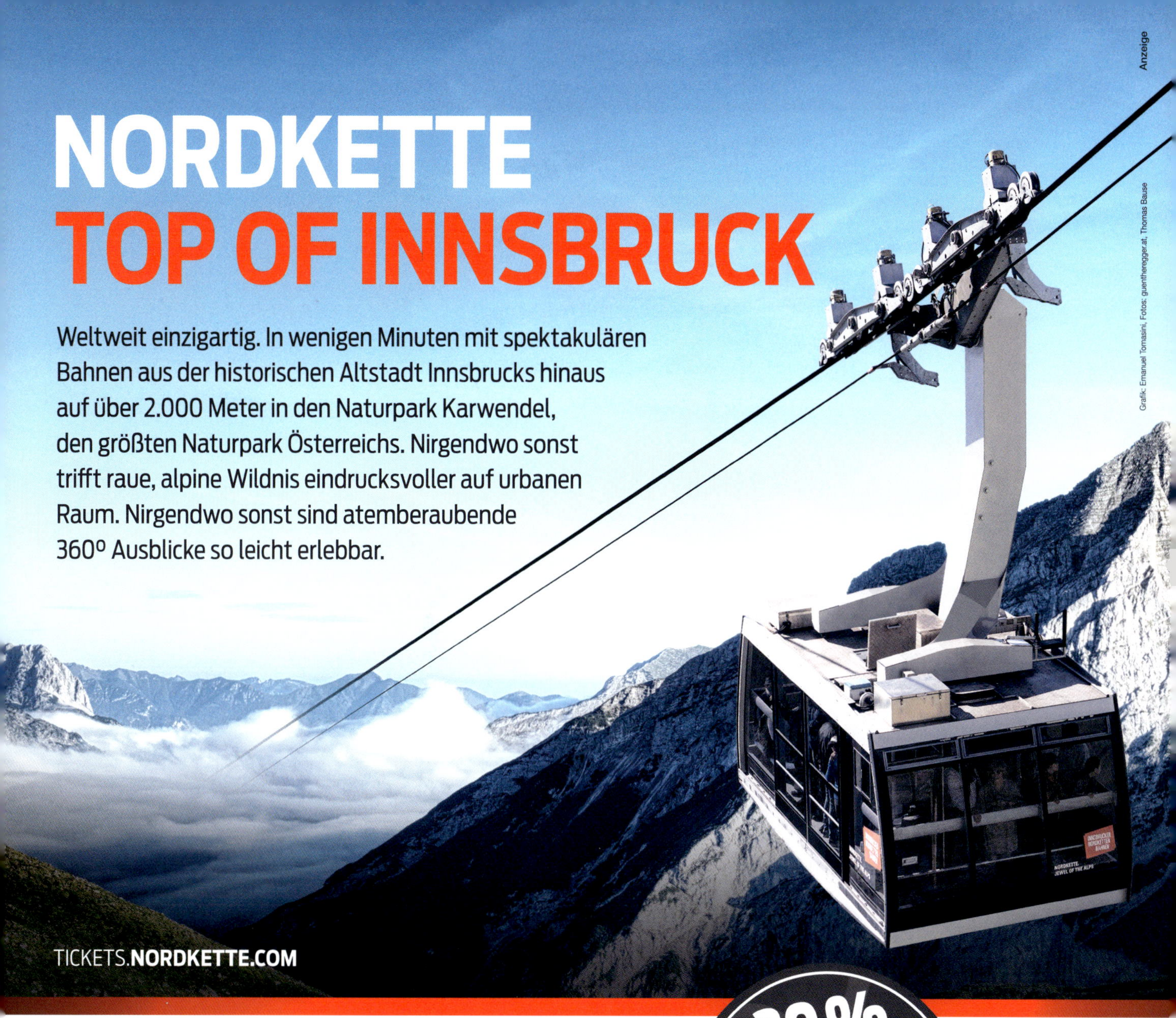

NORDKETTE
TOP OF INNSBRUCK

Weltweit einzigartig. In wenigen Minuten mit spektakulären Bahnen aus der historischen Altstadt Innsbrucks hinaus auf über 2.000 Meter in den Naturpark Karwendel, den größten Naturpark Österreichs. Nirgendwo sonst trifft raue, alpine Wildnis eindrucksvoller auf urbanen Raum. Nirgendwo sonst sind atemberaubende 360° Ausblicke so leicht erlebbar.

TICKETS.**NORDKETTE.COM**

Grafik: Emanuel Tomasini, Fotos: guentheregger.at, Thomas Bause

-20 % happy HOUR*
bis **9:30 Uhr**
ab **15 Uhr**

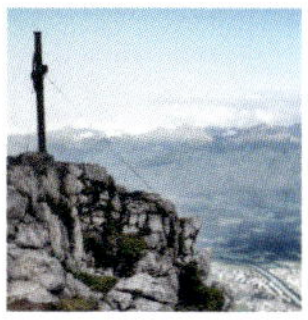

Top of Innsbruck – 2.334 m
Das einzigartige Erlebnis! Lassen Sie die faszinierende Bergwelt des größten Naturparks Österreichs auf sich wirken!

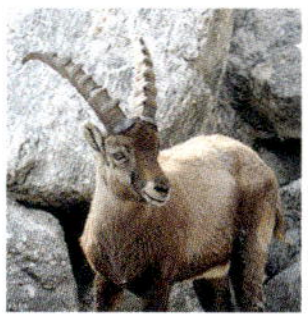

Gipfelerlebnis und Alpenzoo
Top of Innsbruck PLUS: Die Fahrt zum Hafelekar und der Eintritt in Europas höchstgelegenen Zoo in einem Ticket.

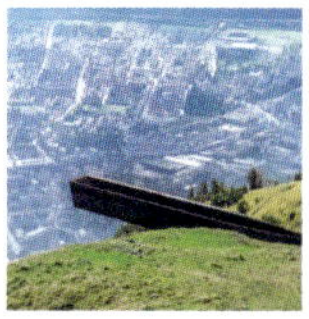

Nordkette Perspektivenweg
Philosophische Zitate und harmonische Elemente schaffen eine neue Perspektive auf Landschaft und Natur.

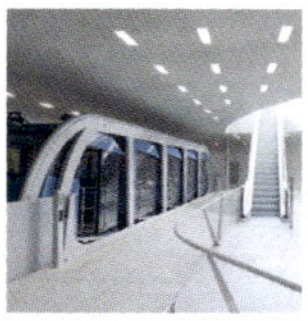

Günstig Parken
Stressfrei in der Citygarage parken (8 – 18 Uhr).
Stark ermäßigter Tarif für Gäste der Nordkette.

* Gültig für TOP OF INNSBRUCK Ticket.

INNSBRUCKER NORDKETTEN BAHNEN

NORDKETTE.
DAS JUWEL DER ALPEN

Maßstab 1:20.000
0
400m
Hofgarten
Reichenau
Mariahilf
St. Nikolaus
Innere Stadt
Pradl
Amras
St. Wilten
Wilten
Ortsried
Hungerburgbahn-Talst.
Hauptbhf.
Westbahnhof
Stubaital Bhf.
Knoten Innsbruck-Amras
Anschlussstelle Innsbruck-Mitte
Bretterkeller
Tummelpl.
Schl. Ambras
Schönruh
Tantegert
Paschberg
Viller Berg
Speichersee
Tivoli Stadion
Olympiastraße
Burgenlandstraße
Amraser Str.
Universitätsstr.
Museumstr.
Innrain
Egger-Lienz-Str.
Brennerstr.
Igler Bahn
Schloss-Straße
A12
A13
E45
E60
75
171
174
182
1
2
3
4
5
6
7
8
9
10
11
Maßstab 1:300.000
0
3
6km
INNSBRUCK
Seefeld in Tirol
Telfs
Zirl
Hall in Tirol
Absam
Wattens
Fritzens
Thaur
Rum
Mils
Völs
Kematen in Tirol
Axams
Götzens
Natters
Mutters
Igls
Patsch
Aldrans
Lans
Sistrans
Ampass
Rinn
Tulfes
Neustift im Stubaital
Fulpmes
Telfes i.Stubai
Mieders
Schönberg i.Stubaital
Matrei am Brenner
Steinach am Brenner
Gries am Brenner
Brenner
Trins
Gschnitz
Sellrain
Gries im Sellrain
St. Sigmund im Sellrain
Kühtai
Sellraintal
Stubaital
Gschnitztal
Stubaier Alpen
Tuxer Alpen
Zillertaler Alpen
Naturpark
ITALIA
Gr. Solstein
Serles
Habicht
Patscherkofel
Europabrücke
Goldenes Dachl
Flughafen Innsbruck
Schl. Ambras
Schl. Hohenburg
St. Georg
Sankt Magdalena
12
13
14
15

ALTE STADT GANZ JUNG

Man kann Tirols Landeshauptstadt nur ohne Wenn und Aber lieben – für ihr romantisches Herz und die viele altehrwürdige Kultur ebenso wie für ihre Modernität, den Schick und das studentische Flair. Gar nicht zu reden von dem Füllhorn an Freizeitangeboten, das ihre anmutige Umgebung über den Gästen ausschüttet.

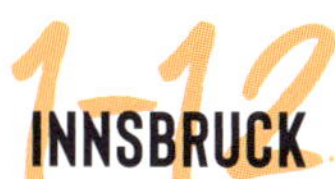

Die regionale 130 000-Einwohner-Metropole bevölkern auch rund 30 000 Studenten. Knapp 600 m hoch an der Mündung der Sill in den Inn gelegen, bildet der bereits frühgeschichtliche Siedlungspunkt seit jeher eine wichtige Kreuzung des europäischen Nord-Süd-Verkehrs. Schon die Römer unterhielten hier am Beginn der Straße über den Brenner ein Kastell (Veldidena). Ab dem 12. Jh. erleichterte die „Innsprucke" den Fernverkehr. Die im Norden vom bis zu 2600 m hohen Karwendelgebirge, im Süden vom Patscherkofel (2246 m) überragte Stadt bildet mit ihrer renommierten Universität, zahlreichen Museen, Archiven, Theatern und Galerien den kulturellen Mittelpunkt Tirols. Weltbekannt wurde sie als Austragungsort der Winterolympiaden 1964 und 1976.

INNSBRUCK CARD

Die All-inclusive-Karte für Eintritte in Museen und Sehenswürdigkeiten, freie Fahrt mit allen öffentlichen Verkehrsmitteln, diversen Bergbahnen und dem Sightseer; gültig für 24, 48 oder 72 Std.

Verkauf bei der Innsbruck Information, bei den Bergbahnen und an größeren Museumskassen

SEHENSWERT

Touristenmagnet ist das direkt am Ostufer des Inn gelegene **historische Herz** **TOPZIEL** (Stadtrecht um 1200). Als dessen Wahrzeichen fungiert das berühmte **1 Goldene Dachl** – jener spätgotische Prunkerker, den sich Kaiser Maximilian um 1500 als luftige Loge an seine Residenz anfügen ließ. Der mit etwa 2700 feuervergoldeten Kupferschindeln sowie Wappen- und Figurenreliefs geschmückte Anbau beherbergt ein informatives Museum (Herzog-Friedrich-Straße; Mai bis Sept. tgl., Okt.–April Di.–So. 10.00–17.00 Uhr), ist jedoch keineswegs die einzige Attraktion. Unter den vielen mit Lauben und hohen Erkern versehenen Häusern finden sich Juwele wie die wenige Schritte in Richtung Inn gelegene **Ottoburg**, ein Wohnturm aus dem späten 15. Jh. (Herzog-Otto-Straße, Restaurant), und weiter südlich das hinter der herrlichen Rokokofassade ebenfalls gotische **Helblinghaus** (Herzog-Friedrich-Straße; 15. und 18. Jh.) sowie ein paar Häuser weiter der um 1450 errichtete, 51 m hohe **Stadtturm** (Besteigung s. S. 38) und die 1669 gegründete **Alte Universität** (Universitätsstraße) mit der frühbarocken **4 Jesuitenkirche** (bis 1646; Mo.–Mi., Fr. und Sa. 7.00–20.00, Do. 7.00–22.00, So. 8.00–22.00 Uhr).

Pflichtziele sind die vom Rokoko geprägte **2 Hofburg** (15. Jh. und später) mit gut zwei Dutzend kaiserlichen Prunkräumen (Rennweg 1, www.hofburg-innsbruck.at; tgl. 9.00–17.00 Uhr, großes Führungsangebot) und die im 16. Jh. errichtete **Hofkirche** (Universitätsstraße 2, www.tiroler-landesmuseen.at; Mo.–Sa. 9.00–17.00, So. und Fei. 12.30–17.00 Uhr); sie birgt mit dem von 28 überlebensgroßen Bronzestatuen umstandenen Grabmal Maximilians I. (15./16. Jh.) das wohl großartigste Grabdenkmal des Abendlandes. Mit kostbarer Sakralkunst, u. a. einem Gnadenbild von Lucas Cranach d. Ä., wartet auch der benachbarte **Dom zu St. Jakob** auf (Domplatz; Mai bis Okt. Mo.–Sa. 10.15–18.30, So. und Fei. ab 12.30, Nov.–April bis 19.30 Uhr), bis 1724 neu errichtet.

Über die von Barockpalais, aber auch modernen Cafés, Geschäften und Kaufhäusern gesäumte **6 Maria-Theresien-Straße**, mit **Annasäule** (1706), **Altem Landhaus** (Tiroler Landtag, bis 1734) und **Triumphpforte** (1765) als herausragenden Baudenkmälern, gelangt man in den südlichen Bezirk Wilten. Dort, wo sich einst eine römische Siedlung befand, beeindrucken die **9 Stiftskirche** (17. Jh.) des über 850 Jahre alten Prämonstratenserklosters (Klostergasse; Besichtigung vom Vorraum aus tgl. 8.00–19.00 Uhr, Museumsführungen Tel. 0512 58 30 48) wie auch die **8 Wiltener Basilika** (bis 1756), die wohl schönste Rokokokirche des Landes (Haymongasse; tgl. 7.30 bis 18.00 Uhr), mit üppigen Stuckaturen und farbenprächtigen Fresken.

Die Vorgänger der Wiltener Basilika waren die ältesten Pfarreien der Region.

Das Tirol Panorama am Bergisel führt die letzte Schlacht im Freiheitskampf Tirols vor Augen.

MUSEEN

Am **Bergisel** – heute von Zaha Hadids ultrakühner **Skisprungschanze** **TOPZIEL** (s. S. 33) überragt – kämpften Tirols Bauern 1809 gegen Bayern und Franzosen; ein Denkmal erinnert an ihren Anführer Andreas Hofer (1767–1810). Das **10 Tirol Panorama** illustriert mit seinem 1000 m² großen 360-Grad-Rundgemälde das dramatische Geschehen und den dadurch befeuerten „Mythos Tirol". Mit Militärgeschichte befasst sich auch das **Kaiserjägermuseum** nebenan (www.tiroler-landesmuseen.at; beide Mi.–Mo. 9.00–17.00 Uhr).

Ob seiner zeitgemäßen Präsentation von Themen wie Feste und Bräuche, Handwerk, Glaube und Magie wird das **4 Tiroler Volkskunstmuseum** (Universitätsstraße 2, www.tiroler-landesmuseen.at; tgl. 9.00–17.00 Uhr) viel gepriesen. Platzhirsch unter den Museen ist das **5 Ferdinandeum**; seine umfangreichen Sammlungen zu Geschichte, Alltagsleben und Kunst Tirols spannen den Bogen von der Prähistorie fast bis heute. Ebenfalls besuchenswert: das mitverwaltete **3 Museum im Zeughaus** mit Geologie und Bergbau, Religions- und Tourismusgeschichte (Museumstraße 15 bzw. Zeughausgasse 1, www.tiroler-landesmuseen.at; beide Di.–So. 9.00–17.00 Uhr). Empfohlen sei auch das **7 Glockenmuseum Grassmayr** (Leopoldstraße 53, www.grassmayr.at; Mai–Okt. Mo.–Sa. 10.00–16.00 Uhr, sonst kürzer; s. auch S. 28).

ERLEBEN
Adlerperspektive bietet die Aussichtsplattform des 6 **Stadtturms** (Herzog-Friedrich-Straße 21; tgl. 10.00–17.00 Uhr). Zu ebener Erde befördert der **Hop-on-Hop-Off-Bus Sightseer** zu allen wichtigen Attraktionen (www.sightseer.at; tgl. 9.55 bis 17.15 Uhr im 40-Min.-Takt).

HOTELS & RESTAURANTS
Der **€€€ Schwarze Adler** (Kaiserjägerstraße 2, Tel. 0512 58 71 09, www.schwarzeradler-innsbruck.com) ist ein geschichtsträchtiges, mit viel Detailliebe gestaltetes Haus für Romantiker. Altstadtgemäuer umhüllt auch die innen mit viel Schick desig nten Traditionshäuser **€€€ Goldener Adler** (Herzog-Friedrich-Straße 6, Tel. 0512 57 11 10, www.goldeneradler.com) sowie **€€ Weisses Rössl** (Kiebachgasse 8, Tel. 0512 58 30 57, www.roessl.at).
Für das Panorama wie die kulinarischen Hochämter preisen Gourmets das **€€€ Lichtblick** am Dach des Rathauses, zu dem die Rooftop-**Café-Bar 360°** gehört (Maria-Theresien-Straße 18, Tel. 0512 56 65 50, www.restaurant-lichtblick.at; beide So. geschl.). Zeitgemäße Regionalküche bietet die **€€ Ottoburg** (Herzog-Friedrich-Straße 1, Tel. 0512 58 43 38, www.ottoburg.at) in historischen Stuben.
Jugendliches Remmidemmi, an Wochenenden bis spät in die Nacht, herrscht in der langen Reihe von Pubs und Partyhöhlen in den Bögen des Bahnviadukts an der **Etzel-Straße**.

EINKAUFEN
Als zentrale Einkaufsmeile lädt die verkehrsbefreite **Maria-Theresien-Straße** zum Bummeln. Als Hotspots des zeitgemäßen Konsums fungieren hier die **Rathausgalerien** (Nr. 18) und das von Stararchitekt David Chipperfield spektakulär gestaltete **Kaufhaus Tyrol** (Nr. 31).

UMGEBUNG
11 **Schloss Ambras TOPZIEL** (Urspr. 13. Jh., 16. und 19. Jh.), der prächtige Renaissancewohnsitz Erzherzog Ferdinands II., ist Pflichtstation für alle Stadterkunder. Zu bestaunen gilt es die grandiose Kunst- und Wunderkammer, drei Rüstkammern, den Spanischen Saal (1571), den englischen Park, die Glas-, die gotische Skulpturensammlung und die Habsburger Porträtgalerie mit Werken u. a. von Cranach, Rubens, Tizian, van Dyck, Velázquez (Schlossgasse 20, www.schlossambras-innsbruck.at; Dez.–Okt. tgl. 10.00–17.00 Uhr).
Im Norden der Stadt, jenseits des Inn, ermöglicht der 12 **Alpenzoo** Begegnungen mit mehr als 150 Arten der alpinen Fauna (Weiherburggasse 37, www.alpenzoo.at; April–Okt. tgl. 9.00 bis 18.00, sonst tgl. 9.00–17.00 Uhr).

INFORMATION
Innsbruck Information, A-6020 Innsbruck, Burggraben 3 bzw. am Hauptbahnhof, Tel. 0512 53 56, www.innsbruck.info

STIPPVISITE IM HOCHGEBIRGE

In nur 20 Minuten aus dem Stadtzentrum in Österreichs größten Naturpark: per Standseilbahn zur Hungerburg, hernach über Fichtenwipfel und Felswände schwebend zur Seegrube und auf Innsbrucks 2300 m hohen Hausberg, das Hafelekar. Schwärmt Thomas Keil, Betriebsleiter der Nordkettenbahnen: „Wo sich im Winter meterhoch Schnee türmt und Ski- und Snowboardfahrer auf den Pisten tummeln, wechseln sommers grüne Wiesen mit schattigen Nadelwäldern." In der Heimat der Steinböcke lässt sich dann von den Bergstationen aus nach Herzenslust wandern, mountainbiken, kraxeln und das grandiose Panorama des Inntals und hinein ins schroff-schrundige Karwendel genießen.

Talstation Congress, Rennweg 3, Bergstation Hungerburg, Herrmann-Buhl-Platz, Tel. 0512 29 33 44, https://nordkette.com

Hinauf zur Aussichtsplattform Top of Tyrol: 360°-Panorama mit mehr als hundert 3000er-Gipfeln

13 IGLS

Der ruhige, auf „Innsbrucks Sonnenterrasse" hingebreitete Ort (2000 Einw.) gilt seit dem 19. Jh. als noble Wohngegend und Ausgangspunkt für vielfältige Naturerlebnisse. Von hier führt eine Schwebebahn auf den von Wanderern und Skifahrern gleichermaßen frequentierten Patscherkofel.

SEHENSWERT
Am oberen Ortsrand bietet die 1662 einfach errichtete barocke **Wallfahrtskirche Heiligwasser** ein dennoch reizvolles Ziel für einen Spaziergang.

HOTEL & RESTAURANT
Tradition und moderner Zeitgeist verbinden sich – auch kulinarisch – im **€€€ Sporthotel Igls** (Hilbertstraße 17, Tel. 0512 37 72 41, www.sporthotel-igls.com) auf beste Weise.

AKTIVITÄTEN
Ob im Fünfer-Gästebob mit Profipilot oder als mutiger Einzelkämpfer, Kopf voran im Skeleton: Im **Eiskanal der Olympia-Bobbahn** mit bis zu 100 km/h talwärts sausend, können auch Amateure ihren Adrenalinpegel hochtreiben (www.knauseder-event.at; Okt.–März).

UMGEBUNG
Lohnend ist die Fahrt auf der Brennerstraße durch das **Wipptal** (südl.) Richtung Staatsgrenze (www.wipptal.at). Dessen Hauptort **Matrei** empfängt Gäste mit einem malerischen Ortskern. Von hier führt ein Sträßchen nach **Maria Waldrast**, Tirols höchstgelegenem Wallfahrtsort (bis 1644 und um 1730), mit heilkräftigem Marienbrunnen (www.mariawaldrast.at). Bei Schönberg am Ausgang des Stubaitals ist ein Halt und Blick hinauf zur **Europabrücke** obligatorisch; mit 190 m war sie Anfang der 1960er-Jahre die höchste Brücke des Kontinents, ihr Pfeiler sogar der höchste der Welt.
Wäldchen, Wiesen, romantische Dörfer – die Straßenbahnlinie 6 gondelt vom Bergisel ein Stück den **Patscherkofel** hinauf bis nach Igls. Zurück geht's, mit Abstecher zur gläsernen Aussichtsplattform „Drachenfelsen", zu Fuß auf dem Panoramaweg die Sill entlang.

Axams Birgitzer Alm liegt unterhalb des Birgitzköpfl – hier der Blick hinüber zur Nordkette.

INFORMATION
Tourismusbüro Igls, Hilberstraße 15, A-6020 Igls, Tel. 0512 53 56 60 80, www.innsbruck.info

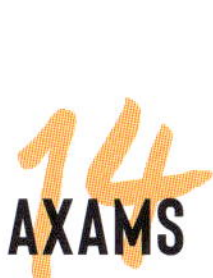

AXAMS

Hauptattraktion der Gemeinde (5800 Einw.) ist die traumhafte Landschaftskulisse. Vor allem der Ortsteil Axamer Lizum steht unter Alpinsportlern hoch im Kurs. Im Sommer ist die Gegend zu Füßen der Kalkkögel und des Birgitzköpfl ein prächtiges Wandergebiet.

HOTEL & RESTAURANT

Anker- und auch kulinarischer Einkehrplatz für Unternehmungen in der Region ist das Familienhotel €€ **Kögele** (Georg-Bucher-Straße 34, Tel. 05234 6 88 03, www.hotelkoegele.com).

UMGEBUNG

Im Nachbarort **Götzens** (östl.) entführt die Nockspitzbahn auf den gleichnamigen Aussichtsberg bzw. die nahe Muttereralm (www.muttereralm.at). Etwas westlich, in **Oberperfuss**, entschwebt man per Gondelbahn auf das Ranggerköpfl, um dieses in etwa 2 Std. auf dem aussichtsreichen Alpenrosensteig zu umrunden (www.rangger-koepfl.at).

INFORMATION

Tourismusbüro Axams, Georg-Bucher-Straße 1, A-6094 Axams, Tel. 05234 82 40, www.axamer-lizum.at

STUBAITAL

Das von schroffen Dreitausendergipfeln gesäumte Stubaital führt südwestwärts in Richtung Alpenhauptkamm. Sein Hauptort Fulpmes (4250 Einw.) war bis ins 16. Jh. eine Hochburg der Eisengewinnung. Touristisches Talzentrum mit dem reichsten Hotelangebot ist Neustift.

SEHENSWERT

In **Fulpmes** erinnert ein Schmiedemuseum an die montane Vergangenheit (Riedlhaus, Fachschulstraße 4; Mai–Okt. Mi. 14.00–17.00 Uhr). **Neustift** besitzt eine schöne Rokokopfarrkirche (1780).

ERLEBEN

Eine charmante Variante, Innsbrucks südliches Umland kennenzulernen, bietet die **Stubaitalbahn**. Seit 1904 befährt sie die 18 km Fulpmes–Innsbruck zu Ferienzeiten tgl., sonst von Mai bis Okt. Sa. und So. 10.00–19.00 Uhr, im Winter kürzer (www.ivb.at und www.tmb.at).
Der **Stubaier Gletscher** am Talende ist ein Skiparadies par excellence – in Zeiten des Klimawandels ist hier oben Schneesicherheit nur mehr von Okt. bis April garantiert. Im Sommer präsentiert er sich als hochalpines Wandergebiet. Ganzjährig zugänglich sind eine als glaziologischer Lehrpfad gestaltete Eishöhle und die Aussichtsplattform **Top of Tyrol**.

HOTEL & RESTAURANT

„Guat essen, gmiatlich hockn und fein schlafen", lautet das Motto im Traditionsbetrieb €€ **Gasthof Jenewein** (Fulpmes, Herrengasse 17, Tel. 0699 15 10 15 74, www.gasthofjenewein.at).

INFORMATION

Tourismusverband Stubai, Bahnstraße 17, A-6166 Fulpmes, Tel. 0501 88 12 00, www.stubai.at

EDELSTES AUS TIROL

Auf der Suche nach einem authentischen Souvenir oder einem leckeren Reisebegleiter ist der Concept Store „Tiroler Edles" die perfekte Anlaufstelle. Die Mission seiner Betreiberin, der Agrarökonomin Theresa Fiegl, besteht darin, Regionales zu fördern, Handwerk und Überliefertes zu bewahren und weiterzuentwickeln.

Das Sortiment umfasst allen Sinnen schmeichelnde Schätze aus heimischer Produktion. Auf Tischen und Regalen reihen sich, mit Bedacht ausgewählt und stilvoll arrangiert, Wildkräutertees und Biohonig, Salze, Senfe, Marmeladen, handgenähte Rucksäcke und Taschen, handgewebte Tücher, aus Schafwolle gefilzte Parkas und Pantoffeln (Patschen), aber auch im kreativen Humus der Region gediehene Bücher und Musik-CDs. Als bewährte Highlights ragen Eigenmarken wie Schokoladen („Tiroler Edle"), Destillate und Seifen („Tiroler Reise") aus dem Angebot.

Ein ästhetisches Erlebnis der Sonderklasse verspricht auch der Geschäftsraum selbst. Mit unbehandeltem Holz der Weißtanne puristisch designt und stets von feinen Düften durchzogen, wirkt

er inmitten der von Alpinfolklorekitsch gefluteten Altstadt wie eine Oase bodenständig-schnörkelloser Eleganz.

Tiroler Edles, Seilergasse 13, A-6020 Innsbruck, Tel. 0512 58 23 93 11, www.tiroleredles.at, Mo.–Fr. 10.00–18.00, Sa. 10.00–15.00 Uhr

Als Ergänzung: Schmackhaftes für den Hunger zwischendurch (oder als Mitbringsel für daheim) stapelt sich, nur wenige Gehminuten weiter westlich, direkt am Innufer in der Innsbrucker Markthalle. Gesundheits- und Umweltbewusste finden hier beispielsweise Läden für Almkräuter, heimische Gewürze, eine Nudelmanufaktur mit frischer Pasta, eine „Tiroler-Schmankerl-Alm" u. v. m. (www.markthalle-innsbruck.at; Mo.–Fr. 7.00 bis 18.30, Sa. 7.00–13.00 Uhr).

Unteres Inntal

HERZREGION DES TIROLERTUMS

Silber und Salz bescherten dem Unterinntal spätmittelalterliche Blüte. Heute sorgen Hightech-Unternehmen und die grandiose Gebirgsnatur für Wohlstand. Ferienparadiese wie das Zillertal, Stadtjuwelen wie Hall und Schwaz locken im Verbund mit funkelnden jüngeren Sensationen wie Swarovskis Kristallwelten Millionen Gäste aus aller Welt.

An der Bergstation der Rofanseilbahn beginnt die leichte Gipfeltour auf den 2039 Meter hohen Gschöllkopf. Sie gipfelt auf der Panoramaplattform Adlerhorst.

Rattenbergs Flussseite wird von den hohen Bürgerhäusern der von ihrer Pfarrkirche überragten historischen Altstadt gesäumt.

Das Renaissanceschloss Tratzberg zeigt sich im Inneren prunkvoll – hier das 1560 entstandene Königinnenzimmer mit seinen Schnitzarbeiten.

Die Geschichte trägt, wie so viele Überlieferungen, märchenhafte Züge, doch ihr Fazit ist denkbar diesseitig: Es begab sich, so die Sage, im Jahr 1409, dass auf einer Wiese oberhalb des Dorfes Schwaz ein tobender Stier mit seinem Horn vor einer Viehmagd die Grasnarbe aufriss und ein dunkel glänzender Stein zum Vorschein kam. Binnen Kurzem brach über den bescheidenen Ort ein beispielloser Boom herein. Denn bei dem Glitzernden handelte es sich um Fahlerz, das Kupfer und Silber enthielt. Als es gelang, Letzteres aus dem Dolomitgestein zu lösen, machten sich Abertausende Knappen an die Arbeit. Bereits 1456 verpfändete Herzog Siegmund von Tirol die zu erwartende Silberproduktion an potente Kapitalgeber, allen voran das Augsburger Handelshaus Fugger. Rasch avancierte Schwaz zur wichtigsten Bergbaumetropole des Kontinents und mit 20 000 Einwohnern zur nach Wien größten Siedlung in Kaiser Maximilians Reich. Um 1500 kamen unglaubliche 85 Prozent des weltweit geschürften Silbers aus der örtlichen Mine, die man per Hand zwei Kilometer tief in den Fels geschlagen hatte. In Spitzenjahren waren es 15 Tonnen. Erst sie machten den Aufstieg des Hauses Habsburg zur europäischen Großmacht möglich. Und sie brachten auch der benachbarten Salzstadt Hall viel Geld und Ehre: Der Haller Guldiner, den man dort alsbald mittels einer neuartigen Walzenprägmaschine erstmals auf industrielle Weise schlug, wurde in der Folge als „Taler" berühmt und damit zum Vorfahren vieler Währungen, auch des Dollars.

DANK REICHLICH SILBER UND SALZ GRIFFEN DIE HABSBURGER HERRSCHER NIE VERGEBLICH IN DIE »GELDBÖRSE« TIROL.

HOHE WERTSCHÖPFUNG DANK ERFINDERGEIST

Innovations- und Unternehmergeist besitzen zweifellos auch die Tiroler von heute und sorgen damit, 500 Jahre nach der Silber-Bonanza, erneut für Superlative. Beispiele gefällig? Die Plansee-Gruppe mit Sitz in Reutte ist Weltmarktführer bei der pulver-

Hall: Den Oberen Stadtplatz rahmen die St. Nikolauskirche und das Rathaus (ganz oben). Der Münzturm überragt das Städtchen samt seiner Burg Hasegg (links). Museum der Völker in Schwaz: Neben Afrika und Asien ist auch Tiroler Brauchtum Teil der Ausstellungen (rechts).

DAS GROSSE GLITZERN

Im Industrieort Wattens lädt ein ganz spezieller Erlebnispark zum Eintauchen in ein funkelndes Fantasie-Universum.

Wie kaum eine zweite Gemeinde in Österreich ist Wattens durch eine Unternehmerfamilie geprägt. Seit 1895 erzeugt Swarovski hier Schleifmittel, Fernrohre und -gläser von höchster Präzision. International populär wurde der Konzern jedoch durch seine aus Strass, diamantähnlichen Glassteinen, gefertigten Bijouterieprodukte. Zum 100-jährigen Gründungsjubiläum schuf der Multimedia-Magier André Heller mit Künstlerfreunden und einem Wasser speienden Riesenkopf als Blickfang die „Kristallwelten", eine glitzernde Fantasiewelt, bestehend aus unterirdischen Wunderkammern und einem Open-Air-Erlebnispark – mit bislang mehr als 15 Millionen Besuchern Österreichs meistbesuchte Sehenswürdigkeit.

metallurgischen Herstellung der Hochtechnologiewerkstoffe Wolfram und Molybdän. International ein Big Player für Holzfaser- und Spanplatten ist die Egger-Gruppe aus St. Johann. Als zentrale Industriezone freilich fungiert das Unterinntal: Hier sind Champions beheimatet wie der Familienbetrieb Adler Lacke in Schwaz, der mit „selbstheilendem" Lack Furore macht; aber auch Multis wie der Pharmariese Sandoz-Novartis, der in Kundl den europaweit letzten verbliebenen Produktionsstandort für Penicillin betreibt. Zwei Nischenanbieter schließlich, Familienbetriebe beide, die ihre fragilen, funkelnden Kostbarkeiten rund um den Globus verkaufen, sind die für edelste Weingläser berühmte Firma Riedel in Kufstein und Swarovski in Wattens, dessen Kristallwelten zu den Besuchermagneten des Landes gehören.

TIROLS GRÖSSTER BADESEE ...

Auf eine ungleich ältere Tradition als touristisches Ziel blickt der nahe Achensee. In der Umgebung dieses größten Badegewässers Tirols ging schon Kaiser Maximilian auf Treibjagd. Erzherzog Ferdinand II. unterhielt auf ihm eine Flotte italienischer Luxuskähne, auf denen die Innsbrucker Hofgesellschaft ausschweifend feierte – sehr zum Missfallen der örtlichen Pfarrer. Um 1900 erkor sich die Hautevolee der Habsburger-Monarchie den See zu einem ihrer bevorzugten Sommerrefugien. Wenig später wurde das Seebecken vom Tal her durch einen Druckstollen für die Stromgewinnung angezapft.

Die historische Achenseebahn zwischen Jenbach und Maurach aus dem Jahr 1889 ist die letzte funktionsfähige Dampfeisenbahn, die per Adhäsions- und auch Zahnradantrieb verkehrt. Leider ist ihre Zukunft etwas unsicher.

Bergstation der Rofanseilbahn (oben). Die Hotellandschaft am Achensee erinnert an feudale Zeiten – hier in Pertisau (Mitte links), wo sich gut zu einer Schifffahrt aufbrechen lässt (Mitte rechts).

Das Museum Tiroler Bauernhöfe bei Kramsach möchte einen Einblick in die Lebens- und Wirtschaftsweise der bäuerlichen Bevölkerung Tirols in vorindustrieller Zeit geben.

Hoch über dem Inn bei Weerberg: Eine traditionelle Prozession gehört seit jeher zum Herz-Jesu-Fest Anfang Juni.

Bäckerei Mader in Kramsach: Auf einem Holzprügel backt die an Baumkuchen erinnernde Prügeltorte über offenem Feuer (links). Die Mayrhofener Bergbahnen führen hinauf zur sommerlichen Greifvogelschau an der Adlerbühne auf dem Ahorn (rechts).

Auch haben Heere von Seglern und Surfern den zwischen Karwendel- und Rofangebirge wie in einem Windkanal gelegenen See erobert. Ein gewisser Charme aus Pionierzeiten hat sich dennoch erhalten.

Er offenbart sich dem Ankömmling bei der Fahrt mit der über hundertjährigen Dampfzahnradbahn von Jenbach am Inn hinauf nach Maurach. Er umweht ihn, wenn er auf die „St. Josef", ein 1887 vom Stapel gelaufenes, herrlich anachronistisches Schiffsfossil, umsteigt und das felsige, frei zugängliche Ufer entlang Richtung Norden fährt. Als vollends überwältigend entpuppt sich der Charme aber in einer jener holzgetäfelten Gaststuben, von denen es rund um den lang gestreckten See noch etliche gibt. Zum Beispiel beim „Fischerwirt" in Achenkirch. Dort sitzt man dann von Sonne und frischer Luft selig ermattet auf der Holzbank, tut sich an Kaspressknödeln, einem Gamsbraten oder einem fangfrischen Hecht gütlich.

WILDROMANTISCHE NATUR UND GUTE LUFT: SCHON GOETHE REIZTE, WAS REISENDE BIS HEUTE INS LAND ZIEHT.

... UND DIE KLEINSTE STADT

Wer, zurück im Inntal, dem Fluss weiter ostwärts in Richtung Unterland folgt, muss aufpassen, denn nun kommen die schönen Burgen! Das Paradeexemplar Tratzberg mit seinem prächtigen Renaissancehof liegt schon im Rücken. Es folgen Schlag auf Schlag weitere: Kropfsberg, Lichtenwerth, Matzen ... Und bald danach baut sich bereits der Schlossberg mit der Burgruine Rattenberg auf. Die gleichnamige, mit gerade einmal 400 Einwohnern kleinste Stadtgemeinde Österreichs verströmt Mittelalterflair pur. Ihr historischer Kern aus zwei langen Zeilen malerisch zwischen Fels und Fluss gedrängter Bürgerhäuser mit Grabendächern, Ziergiebeln und hohen polygonalen Erkern steht zur Gänze unter Denkmalschutz.

Um ihr Kloster St. Georgenberg besser erreichen zu können, legten die Mönche den Weg durch die Wolfsklamm zum Ort Stans an.

So eng schmiegt sich das Städtchen an den Schlossberg, dass es winters monatelang im Schatten liegt. Weshalb Fachleute der „Lichtakademie Bartenbach“ aus Aldrans ungewöhnliche Abhilfe ersannen: Ein hoch kompliziertes System riesiger, computergesteuerter Spiegel sollte aus dem sonnenverwöhnten Kramsach solares Strahlen in die düsteren Gassen lenken. Das ehrgeizige Projekt wurde aus technischen und finanziellen Gründen allerdings auf Eis gelegt.

An Zeiten, da der Mensch seine Hoffnung eher in Glaubenskraft setzte, erinnert in Rattenberg das Geburtshaus der hl. Notburga. Laut Bilderfries an der Fassade hat Tirols beliebteste Volksheilige hier 1265 das Licht der Welt erblickt. Sie avancierte zur Schutzpatronin der Dienstmägde und der Landwirtschaft sowie zur Vorkämpferin für geregelte Arbeitszeit. Denn laut Legende warf sie – selbst eine Magd – aus Protest ihre Sichel gen Himmel, als einmal der Bauer sein Gesinde wegen Gewittergefahr trotz Betläutens zur Fortsetzung der Erntearbeit zwang. Die Sichel blieb an einem Sonnenstrahl hängen, was den Bauern so erschreckte, dass er Notburga zum Kirchgang entließ. So viel zur Frömmigkeit der Tiroler.

HOLLAHOLDIO VERSUS BERGEINSAMKEIT

Ungleich diesseitiger scheint der Zeitgeist, der mittlerweile im Unterland – und auch sonst in Tirol – den Alltag bestimmt, im nahen Zillertal zum

Der bis in Höhen über 3000 Meter reichende Hintertuxer Gletscher bietet rund ums Jahr schneesichere Pisten

Hintertuxer Gletscherpanorama mit den Gefrorene-Wand-Spitzen

Beispiel. Denn wie heißt es am Beginn der inoffiziellen Zillertaler Hymne, mit der schon im 19. Jahrhundert die Sängerfamilien das Bild der „lustigen Tiroler" von hier auf Welttourneen bis nach New York und St. Petersburg trugen? „Zillertal, du bist mei Freid. Holla-etiridihiria-holdio! Da hab'n die Madln sakrisch Schneid ..." Da sind Kitsch und Kommerz der touristischen Gegenwart schon nicht mehr fern – all die Schuhplattler und Schürzenjäger, die schunkelnden Busgruppen, die das Zillertal mit seinem Hauptort Mayrhofen zur Hochburg des alpinen Massentourismus machen. Pseudorustikale Großhotels verstellen historische Ortskerne. Über die umliegenden Berge hat man ein Spinnennetz aus Seilbahnen und Skiliften gelegt. Mehr als zweieinhalb Millionen Übernachtungen jährlich – in ganz Tirol sind es sogar an die fünfzig Millionen – fordern ihren Tribut.

Ein Pauschalurteil freilich ist fehl am Platz: Selbst an den Hotspots des Alpintourismus kann, wer will, Bergeinsamkeit finden. Im Zillertal zum Beispiel braucht man bloß in die Seitentäler auszuweichen, die „Gründe" etwa, die hinter Mayrhofen in Richtung Süden ausgreifen. 420 Quadratkilometer ist der Naturpark Zillertaler Alpen groß, zu dem man sie zusammengefasst hat, ein Rückzugsraum, in dem sich Steinbock und Steinadler, Fuchs, Uhu und Auerhahn Gute Nacht sagen.

Forum Alpbach

WENN DER GEIST AUF SOMMERFRISCHE GEHT

Alle Jahre wieder im August pilgern kluge Köpfe von überallher in das Tiroler Bergdorf Alpbach. Seit 1945 geht es an diesem einzigartigen Ort des Denkens darum, im Rahmen interdisziplinärer Begegnungen das Wissen um die Gegenwart und Zukunft der Welt zu erweitern.

Seit dem 14. Jahrhundert besitzt Alpbach eine Kirche. Der heutige Bau entstand zu Beginn des 18. Jahrhunderts.

Alpbach, Mitte August: Am Eröffnungstag des Europäischen Forums parkt eine Kolonne dunkler Luxuskarossen vor dem Congress Centrum. Drinnen, in dem futuristischen Glaskegel, halten der Bürgermeister, Minister, Organisatoren- und Sponsorenvertreter im Scheinwerferlicht und vor Mikrofonbündeln ihre Ansprachen. Die begleitende Medienmaschinerie läuft bestens geölt. Aberhunderte hochkarätige Referenten und mehrere Tausend Zuhörende aus Dutzenden Nationen verwandeln den sonst so abgeschiedenen Ort für zweieinhalb Wochen in eine internationale Hochburg des Netzwerkens. In Seminaren, Kursen und mehrtägigen, in etliche Arbeitskreise gegliederten „Gesprächen" zu diversen Themen – von Gesundheit, Wirtschaft und Politik bis Technologie, Finanzmärkte, Recht und Baukultur – erweitern sie ihren Horizont.

DIE QUALITÄT DES INOFFIZIELLEN

So könnte man Alpbach auf den ersten Blick für einen – sehr malerischen – Schauplatz des herkömmlichen Symposiumstourismus halten („If it's Thursday, it must be Davos!"). Blasmusik, Gottesdienst und Tiroler Schützen wären, so betrachtet, bloß noch ein der Geschäftstradition geschuldeter Aufputz. In Wahrheit ist es natürlich genau umgekehrt: Nicht die weltläufige Klugheit strömt aus allen Kontinenten herbei und verleiht dem Bergdorf für kurze Zeit Glanz. Vielmehr lädt sich die versammelte Wissenselite mit der knorrigen, unwandelbaren Schönheit des Ortes auf. Gemeint ist zum einen die grandiose Kulisse aus Felsgipfeln, sattgrünen Almen und wettergegerbter Vollholzarchitektur, mehr allerdings die in Alpbach spürbare Atmosphäre. Langjährige Stammgäste des Forums versichern, seine Qualität liege maßgeblich auch im Inoffiziellen. In der Möglichkeit zum Beispiel, beim abendlichen Kamingespräch – von dessen geheimer Einberufung man ganz kurzfristig im Flüsterton durch eine Vertrauensperson Kunde erhielt – von prominenten Vortragenden in kleinstem Kreis sehr persönliche Sichtweisen vermittelt zu bekommen oder bei der Weinverkostung, der Kunstvernissage, beim Spaziergang im Wald locker plaudernd mit Starforschern auf Tuchfühlung zu gehen.

VON ADORNO BIS POPPER

Selbst das hochgeistigste Treiben hat freilich auch eine profane Seite. Das

1999 eröffnete Alpbachs Congress Centrum (oben). Jahrhundertelange Almwirtschaft spiegelt die Bebauung des Ortes (unten).

AUF EINEN BLICK

EUROPÄISCHES FORUM ALPBACH
Das Forum findet alljährlich in der zweiten Augusthälfte statt. Referenten und Teilnehmer, Experten aus Wissenschaft, Wirtschaft und Politik sowie ein zu großen Teilen studentisches Publikum, kommen zusammen, um aktuelle Fragen der Zeit zu diskutieren und interdisziplinäre Lösungsansätze zu finden. Die Teilnahme ist für jeden möglich, rechtzeitige Anmeldung vorausgesetzt. 2023 waren mehr als 5000 Interessierte aus 134 Ländern dabei – die meisten davon online.

WEITERE INFORMATIONEN
Informationen unter www.alpbach.org, Anmeldungen an registration@alpbach.org. Anfahrt per Bahn mit Umsteigen in Wörgl oder Jenbach nach Brixlegg, von dort mit dem Postbus Linie 4074. Mit dem eigenen Auto über die A 12, Ausfahrt Kramsach/Brixlegg/Alpachtal.

Forum erfreut Hoteliers, Gastronomen und kommunale Säckelwarte, indem es deren Kassen klingeln lässt. Doch solch willkommene Nebeneffekte müssen verblassen angesichts der mentalen Leuchtturmfunktion des Anlasses. Wobei diese sich seit Gründung der Veranstaltung, Ende des Zweiten Weltkriegs, freilich gewandelt hat. Als der Wiener Student Otto Molden und der Philosophiedozent Simon Moser aus Innsbruck im August 1945 das erste Forum organisierten, ging es um die umfassende Erneuerung des geistigen Lebens in Europa und um eine politische Einigung des Kontinents. Die wurde als einziger Weg betrachtet, vernichtende Kriege künftig auszuschließen. Zu den Teilnehmern der ersten Jahre gehörten vor allem junge Menschen, die aktiv im Widerstand gegen den Nationalsozialismus engagiert waren, aber auch viele führende Geistesgrößen – von Adorno, Bloch, Dahrendorf und Heisenberg bis Lorenz, Marcuse, Popper oder Schrödinger.

ZUKUNFT IM GEEINTEN EUROPA

Spätestens seit den 1990er-Jahren bildet die Standortbestimmung im geeinten Europa ein Leitmotiv. Eine Grundvoraussetzung für den langfristigen Erfolg dieser Idee vom großen Versöhnungs-, Wohlstands- und Friedensprojekt ist freilich das Gelingen eines generationenübergreifenden Dialogs. Deshalb wird dem örtlichen „Paternalismus der Alten" (O-Ton Ex-Forumspräsident Erhard Busek) engagiert entgegengewirkt. Etwa, indem man mittels Hunderter Stipendien talentierte Jugend aus aller Welt in die Arbeitskreise holt, interaktive Planspiele, einen Kurzvortragsmarathon (Science Slam), ein BarCamp, ein Policy Lab und ein Innovationslabor für vierzig junge Führungskräfte aus ganz Europa programmiert. Auf dass auch für die nächsten Jahrzehnte gelte, was der Dichter Felix Braun 1947 nach einem ersten Aufenthalt in Alpbach freudig konstatierte: „Die Generation, die ich hier erprobte, dünkte mich eben die, auf die ich ein Leben lang gewartet."

Murnau am Staffelsee
Staffelsee
Weindorf
Perlach
Hagen
Hechendorf
Westried
Grafenaschau
Murnauer Moos
Ohlstadt
Schwaigen
Schwaiganger
Kleinweil
Großweil
Unterau
Ort
Pessenbach
Freilichtmuseum Glentleiten
Schlehdorf
Raut
Kochelsee
Kochel am See
Lenggries
Anger
Hohenburg
Mühlbach
Almbach
Benediktenwand
1801
DEUTSCH-
LAND
Ortereralm
Jochberg
1567
Tannern
Jachenau
Jachenau
Fleck
Klaffenbach
Hohenwiesen
Glashütte
Wegscheid
Scharling
Hirsch-B.
1668
Brunnbichl
Kreuth
Roßstein
1698
Wildbad-Kreuth
Mangfallgebirge
Enterrottach
Spitzingsee
Rotwand
1885
Valepp
Heimgarten
1790
1731
Herzogstand
Urfeld
Sachenbach
Walchensee
Walchensee
Höfen
Einsiedl
Altlach
Ettaler Manndl
1634
Klosterkirche St. Mariae
Ettal
Eschenlohe
Wengwies
Oberau
Hohe Kisten
1922
2086
Krotten-K.
Estergebirge
Obernach
Vorderriß
Isar
Fall
Sylvensteinspeicher
Isartal
Achenbach
Achental
Leiten
Achenkirch
Achensee
Schrahnbach-A.
Sachen-S.
Wallgau
Farchant
Burgrain
Wank
1780
GARMISCH-PARTENKIRCHEN
Gerold
Barmsee
Krün
Schöttelkar-Spitze
2049
Soiern-Sp.
2257
Soiernsee
Isarstausee
Schafreuter
2100
2078
Vorderunnutz
Steinberg am Rofan
Pinegg
Aschau
Brandenberg
Wamberg
Klais
Partnachklamm
Schl. Elmau
Elmau
Hoher Kranzb.
1391
Isar
Hinterriß
Rißtal
Mittenwald
Kot A.
Rofangebirge
2299
2260
Rofanspitze
Achensee
Pertisau
Buchau
Mariatal
Voldöpp
Mosen
Kramsach
Radfeld
Rattenberg
Brixlegg
Reith im Alpbachtal
Asten
Münster
Häusern
Maurach
Wiesing
Eben am Achensee
Jenbach
Schl. Tratzberg
St. Gertraudi
Strass im Zillertal
Rotholz
Bruck am Ziller
Hygna
Alpengarten
Wetterstein-wand
2484
1865
2633
Dreitor-Spitze
Leutaschtal
Unterkirchen
Lochlehen
2384
Westliche Karwendelspitze
Karwendeltal
2538
Ostl. Karwendel-Sp.
Kleiner Ahornboden
Großer Ahornboden
2749
Birkkarspitze
Grubenkarspitze
2663
Hinterautal
Roßloch
2610
Eiskarlspitze
Karwendelgebirge
Stallenwald
Stans
Buch in Tirol
Maurach
Gallzein
Imming
Schlitters
Gagering
Fügenberg
Fügen
Hart im Zillertal
Scharnitz
Leutasch
Gasse
Unterweidach
Kirchplatzl
Oberweidach
Obern
Platzl
Seefeld in Tirol
Buchen
Vomper Loch
Isar
Vomperberg
Fiecht
Schwaz
Gnadenwald
Vomperbach
Vomp
Sankt Michael
Terfens
Arzberg
Keller-J.
2344
Kolsass
Kapfing
Uderns
Ried im Zillertal
März
Stumm
Stumm-berg
Kaltenbach
Gartalm
Karwendel
2373
Reither Spitze
Wildsee
Auland
Reith bei Seefeld
Mösern
Oberhofen im Inntal
Oberpettnau
Unter-Leibfing
Flaurling
Polling in Tirol
Hatting
Hattingberg
Inzing
Gr. Solstein
2541
Hafelkarspitze
Herrenhäuser
Salzbergwerk Hall
Sankt Martin
Baumkirchen
Absam
Hall in Tirol
Mils
Fritzens
Wattens
Weer
Pill
Außerknapp
Außerweerberg
Weerberg
Mitterweerberg
Kolsassberg
Thaur
Rum
St. Nikolaus
INNSBRUCK
Zirl
Goldenes Dachl
Alpenzoo
Heiligkreuz
Schl. Ambras
Ampass
Rinn
Tulfes
Judenstein
Schl. Aschach
Volders
Klein-volderberg
Groß Volderberg
Wattenberg
Vögelsberg
Volderwildbad
Hochalpe
Aschau im Zillertal
Distelberg
Zellberg
Zell am Ziller
Rohrberg
Ahrnbach
Eben
Ranggen
Unterperfuss
Kematen in Tirol
Völs
Flughafen Innsbruck
Ober-perfuss
Grinzens
Axams
Birgitz
Götzens
Natters
Neugötzens
Mutters
Lans
Sistrans
Igls
Schl. Hohenburg
Patscherkofel
Haag-A.
Sellraintal
Sellrain
Rothenbrunn
Europabrücke
Kreith
Patsch
Viggar-Alm
Tarzens
Mühltal
Laimach
Hippach
Ramsau im Zillertal
Hainzenberg
Schwendberg
Schwendau
Hollenzen
Mayrhofen
Haus
Brandberg
St. Sigmund im Sellrain
Gries im Sellrain
Melach
2340
Hoadl
Kalkkögel
Schönberg i.Stubaital
Luimes
Telfes i.Stubai
Mieders
Ellbögen
Stubaitalbahn
Wattener Lizum
Mölssee
Torsee
Rastkogel
2762
2278
Juifenau
Windegg
2577
Lisental
Fulpmes
Medraz
Kampl
Neder
Mühlbach
Tuxer Alpen
Lanersbach
Juns
Tux
Vorderlanersbach
Freithof
Finkenberg
Persal
Jochberg
Stillup-Klamm
Brandberg
Ahornspitze
2973
Lüsens
2613
Hoher Burgstall
Bärenbad
2718
Serles
Prons
Navis
Matrei am Brenner
Navis-B.
Schleierfall
Madern
Kasern
Hintertux
Dristner
2765
Stillup-speicher
Stillupgrund
Lüsenser-Ferner-Kg.
3299
Oberbergtal
St. Georg
Milders
Neustift im Stubaital
Stubaital
Trins
Steinach am Brenner
Schmirn
Entwasser
Realspitze
3039
Hoher Riffler
3231
Dornauberg
Ginzling
Zemmtal
Floitental
Naturpark
Zillertaler
Alpen
Alpein
Krößbach
Volderau
2840
Kirchdach-Sp.
Noßlachjoch
2231
Stafflach
Sankt Jodok a. Brenner
Vals
Gries am Brenner
Olperer
3476
Ochsner
3107
Schwarzen-S.
Zamser Tal
Schlegeis-speicher
Zillertaler Alpen
Schwarzenstein-kees
Schrankogel
3496
Falbeson
Ranalt
Unterbergtal
Habicht
3277
Gschnitz
Untertal
Obertal
Gschnitztal
Sankt Magdalena
Vinaders
Obernberg am Brenner
Obernberger See
Brennero Brenner
Terme di Brennero Brennerbad
Val di Vizze
Sasso Stein
Caminata Kematen
S.Giacomo St.Jakob i.Pf.
Saletto Wieden
Pfitscher Tal
Pfitscherb.
Eisbruggsee
Hornkees
Schlegeis-kees
Costa
S.Giovanni St.Johann
S.Martino St.Martin
Riobianco Weissenb.
Lappago Lappach
Taufers
Molini di Tures
Selva dei Molini Mühlwald
Mühlwalder B.
Zuckerhütl
3507
Grubferner
Pflerschbach
Val di Fleres
Pflerschtal
Fleres Pflersch
Annichen
Valmigna Vallming
Colle Isarco Gossensaß
Flanes Flains
Ceves Tschöls
Novale Ried
Vipiteno Sterzing
Avenes Afens
Stanga
Mareta Mareit
Masseria Maiern
Ridanna Ridnaun
Val Ridanna
Ridnaunbach
Egetensee
Belprato Schönau
ITALIA
Val di Vizze
L. Seveggiolo Wilder See
Mittlerer See
Maßstab 1:330.000
0
3
6km
1
2
3
4
5

EINHEIT VON KUNST, NATUR UND INNOVATION

Das Inntal zwischen Innsbruck und der Grenze zu Bayern bildet seit alters die kulturelle und wirtschaftliche Kernzone des Tiroler Landes und ist entsprechend mit kunstreichen Orten gespickt. Während die Seitentäler, allen voran das der Ziller, prächtige Natur und ein ganzjährig enormes Freizeitangebot präsentieren.

HALL

Die zu Füßen des Karwendelgebirges gelegene Siedlung (13 600 Einw.) besitzt die größte intakte Altstadt Westösterreichs. Ihren Reichtum verdankte sie den Salzvorkommen aus dem kleinen Halltal, die man ab dem 13. Jh. versotten (bis 1967) und innabwärts verschifft hat. Hall erhielt 1303 das Stadtrecht und durfte als sicherer, befestigter Ort von 1477 bis 1809 u. a. das in Schwaz gewonnene Silber zu Münzen prägen.

Wattens: Hinter dem Swarovski-Riesen liegen die Kristallwelten.

SEHENSWERT

Der **Obere Stadtplatz** mit dem wappengeschmückten gotischen **Rathaus** (15. Jh.) und **St. Nikolaus**, einem gotischen, später barockisierten Hallenbau (Urspr. 14./15. Jh.), bildet das **historische Zentrum** TOPZIEL. Ein Baujuwel ist auch die **St.-Magdalenen-Kapelle** (1280) gleich um die Ecke. Im Osten der Oberstadt liegt das einstmals sehr einflussreiche **Damenstift** (ab 1570, barockisiert im 17. Jh.) mit der **Herz-Jesu-Basilika** (16. und 17. Jh.).

MUSEEN

Städtisches Wahrzeichen ist **Burg Hasegg** (Urspr. 13. Jh.) mit dem zwölfeckigen Münzturm als einstiger Prägestätte; vorbildlich restauriert, ist hier das **Stadtmuseum** untergebracht (www.muenze-hall.at; April–Okt. Di.–So. 10.00–17.00, sonst Di. bis Sa. 10.00–17.00 Uhr). Einblicke in die Geschichte der Salzgewinnung und den einstigen Alltag der Knappen vermittelt in einem nachgebauten Stollen das **Bergbaumuseum** (Fürstengasse 2, Tel. 05223 4 55 44 23; Führungen Mo., Do. und Sa. 11.30 Uhr).

ERLEBEN

Durch wildromantische Natur verläuft der Historische **Solewanderweg**. An zwölf Stationen erfahren Besucher Interessantes zum Thema Salz und Salzabbau.

EINKAUFEN

Die **Altstadt** lockt mit vielen ungewöhnlichen Läden zum Flanieren und Bummeln. Zwei besonders nette Adressen: s'Kreativwerkstattl LebensART (Oberer Stadtplatz 7) und Das Büro im Laden (Arbesgasse 13).

HOTELS & RESTAURANTS

Eine Wegmarke zeitgenössischer Architektur ist das €€€ **Parkhotel** (Thurnfeldgasse 1, Tel. 05223 5 37 69, www.parkhotel-hall.com). Solide Gastlichkeit bietet im Nachbarort Ampass, nur fünf Gehminuten von der Haller Altstadt entfernt, der €€ **Gasthof Badl** (Haller Innbrücke 4, Tel. 05223 5 67 84, www.badl.at).

UMGEBUNG

Glitzernde Wunderkammern, „dem Staunen und Amusement gewidmet", durchwandern Besucher der weltberühmten **Swarovski Kristallwelten** TOPZIEL (Wattens, www.kristallwelten.swarovski.com; tgl. 9.00–19.00 Uhr).

Hall in Tirol: In der Münze im Münzturm entstanden europaweit geschätzte Silbermünzen.

Im Besucher-Silberbergwerk von Schwaz

INFORMATION

Tourismusregion Hall-Wattens, A-6060 Hall, Unterer Stadtplatz 19, Tel. 05223 45 54 40, www.hall-wattens.at

SCHWAZ

Nordtirols viertgrößte Stadt (13 800 Einw.), unverändert wichtiger Industriestandort mit einem ebenso malerischen wie geschäftigen Zentrum, besaß bis 1827 das zeitweise ergiebigste Silberbergwerk der Welt. Im 15. und 16. Jh. war sie die Boomtown schlechthin.

SEHENSWERT

Obwohl in Kriegen und durch Feuersbrünste vieles zerstört wurde, haben sich in Schwaz bedeutende Kunstdenkmäler erhalten. Den Blickfang am Ende der von schönen Bürgerhäusern gesäumten Fußgängerzone **Franz-Josef-Straße** bildet die **Pfarrkirche Maria Himmelfahrt**, ein mächtiger gotischer Hallenbau (Urspr. um 1460), im Norden flankiert von der schönen **Veitskapelle** (1506). Beachtenswert sind auch das seit dem 16. Jh. bestehende **Franziskanerkloster** (Gilmstraße 1; gotischer Kreuzgang Mo.–Fr. 9.45–11.30, Di., Do. auch 14.00–16.00 Uhr) und, als Erinnerung an die beherrschende Unternehmerfamilie zur Zeit des Silberbooms, das **Fuggerhaus** (um 1525, privat) in der gleichnamigen Straße.

MUSEEN

Weithin sichtbar wacht seit dem 12. Jh. **Burg Freundsberg** über den Ort, mit Tirols einziger unveränderter Kirche aus der Spätrenaissance (1637) und einem hübschen Heimatmuseum im Bergfried (www.freundsberg.com; April–Okt. Di. bis So. 10.00–17.00 Uhr). Hochkarätig bestückt ist das **Kunstmuseum im Rabalderhaus** (Winterstellergasse 9, www.rabalderhaus-schwaz.at; Do. bis So. 16.00–19.00 Uhr).

ERLEBEN

Als (Familien-)Ausflugsziel lädt das **Silberbergwerk TOPZIEL** zu einer Erlebnisreise „unter Tage" (Alte Landstraße 3 a, www.silberbergwerk.at; Mai bis Sept. tgl. 9.00–17.00, sonst 10.00–16.00 Uhr).

Schloss Tratzberg thront weithin sichtbar über dem Inntal.

Gelungene Ergänzung: die Wanderung über den **Knappensteig** (2,6 km; https://silberregion-karwendel.com/de/themen-lehrpfade). Von Juni bis Sept. startet Do. 15.00 Uhr eine kostenlose **Stadtführung** am Busterminal vor den Stadtgalerien (Wopfnerstraße). Terrestrisches und auch kosmisches 3D-Erlebniskino bietet seit 2023 **Your Dome** (www.yourdome.tirol).

HOTELS & RESTAURANTS

Eine romantische Bleibe in historischem Gemäuer (Urspr. um 1520) ist das **€€€ Schlosshotel Mitterhart** (Vomp, Innhöfe 3, Tel. 05242 63285, www.schloss-mitterhart.at). Hellholzige Behaglichkeit und eine feine Bioküche findet man im **€€€ Naturhotel Grafenast** auf 1300 m Seehöhe (Pill, Pillbergstraße 205, Tel. 05242 63209, www.grafenast.at).

Der **€€ Gasthof Einhorn Schaller** (Innsbrucker Straße 31, Tel. 05242 75047, www.gasthof-schaller.at; Di. geschl.) serviert in holzgetäfelten Stuben Speisen und Geselligkeit nach alter Tradition.

EINKAUFEN

Die **Franz-Josef-Straße** ist von zahlreichen originellen Läden gesäumt. Fundgrube für kreatives Handwerk und Kulinarisches aus der Region ist der Schatzkammer-Silberregion-Shop (Nr. 23).

UMGEBUNG

Ein gewaltiges Naturschauspiel erwartet Wanderer nördl. in der **Wolfsklamm** bei Stans (www.wolfsklamm.com; bei guter Witterung Mai–Okt. tgl. 9.00–16.00 Uhr). Nach dem feuchtkühlen Durchstieg über 354 Stufen und zwischen Wasserfällen empfiehlt sich die Einkehr im beinahe 1000 Jahre alten **Felsenkloster St. Georgenberg** (www.st-georgenberg.at). Von hier führt ein Fußweg in rund 1,5 Std. hinab zum **Schloss Tratzberg**. Führungen durch den wuchtigen Bau offenbaren einen spätmittelalterlichen Adelssitz (Urspr. 13. Jh.) mit kunstvoll verzierten und authentisch möblierten Sälen, Rüstkammern und einem Renaissance-Arkadenhof (www.schloss-tratzberg.at; Ende März–Anf. Okt. Mi.–Mo. 10.00 bis 16.00 Uhr).

INFORMATION

Tourismusverband Silberregion Karwendel,
A-6130 Schwaz, Münchner Straße 11,
Tel. 05242 63240,
www.silberregion-karwendel.com

Die Lage zwischen zwei gewaltigen Gebirgszügen, dem Rofan und dem Karwendelmassiv, hat diesem mit knapp 10 km Länge größten See Tirols den Beinamen „Fjord der Alpen" eingebracht. Als Badegewässer ist er kühl, dank der häufigen Winde aber ein Paradies für Segler und Surfer.

SEHENSWERT

Von den fünf den See säumenden Ferienorten ist **Maurach** am südlichen Seespitz mit 3300 Einw. der größte – und der mit dem reichhaltigsten Hotelangebot. Er markiert auch die Endstation der geschichtsträchtigen Schmalspur-Zahnradbahn, die seit 1889 Jenbach am Inn mit dem See verbindet (www.achenseebahn.at; derzeit Schienenersatzverkehr durch Busse). Der Herstellung und Heilkraft einer örtlichen Spezialität, nämlich des aus Ölschiefer gewonnenen Tiroler Steinöls, ist das Erlebnismuseum Vitalberg in **Pertisau** gewidmet (Tiroler-Steinöl-Weg 10, www.steinoel.at; Mai–Nov. 9.00–17.30, sonst 10.00–16.30 Uhr).

ERLEBEN

Der **Achensee TOPZIEL** lädt in den **Strandbädern** von Achenkirch, Pertisau und Buchau zu Badespaß und zu **Schiffspartien** mit Anlegestellen rund um den See (www.achenseeschiffahrt.com). Wander- und Klettermöglichkeiten plus eine spektakuläre Seilrutsche, den Airrofan Skyglider, erschließt die **Seilbahnfahrt** ins Rofangebirge (www.rofanseilbahn.at) oder auf den Zwölferkopf (www.karwendel-bergbahn.at).

HOTELS & RESTAURANTS

Erholungsuchende werden im **€€€€ Posthotel**, einem der führenden Wellnessrefugien des Landes, nach Strich und Faden verwöhnt (Achenkirch 382, Tel. 05246 6522, www.posthotel.at). Bereits seit 1875 steht der **€€ Fischerwirt** für bodenständige Tiroler Wirtshauskultur (Achenkirch 15, Tel. 05246 6258, www.fischerwirt.tirol).

INFORMATION

Achensee Tourismus, Achenseestraße 63,
A-6212 Maurach, Tel. 05953 000,
www.achensee.com

Willkommen in einer alpinen Ferienregion wie aus dem Bilderbuch. Die 30 km lange, relativ weite, flache Tallandschaft erfüllt seit Mitte der 1950er-Jahre sommers wie winters idealtypisch Urlaubsträume – mit malerischen Dörfern, sattgrünen Wiesen, gischtenden Bächen und den infrastrukturell perfekt erschlossenen Hochgebirgsregionen der Tuxer und Zillertaler Alpen.

SEHENSWERT

Mayrhofen, die touristische Drehscheibe des Tales (3900 Einw.), aber auch **Zell**, sein historischer Hauptort (2000 Einw.), sowie Straß und Fügen weisen schön bemalte, sorgsam restaurierte Bauernhäuser auf. In Zell erinnert ein Goldschaubergwerk an die montanistische Vergangenheit (Hainzenberg, www.goldschaubergwerk.com), in Fügen das Heimatmuseum an die Sängertradition der Zillertaler (www.hmv-fuegen.at).

ERLEBEN

Ausgedehnte **Wanderwegnetze** und diverse durch Liftschaukeln und Skibusse verbundene **Skigebiete** bringen Aktivsportler auf Tuchfühlung mit der Bergnatur. Dasselbe leisten, besonders bequem, die **Aussichtsstraßen** durch das Tuxertal, von Ginzling zum Schlegeisspeicher und die Zillertaler Höhenstraße zwischen Ried und Hippach. 365 Tage schneesichere Pisten bietet Österreichs einziges Ganzjahresskigebiet, der **Hintertuxer Gletscher** (www.hintertuxergletscher.at). Der Talgrund lässt sich auf besonders romantische Weise an Bord eines **Nostalgie-Dampfzugs** der Zillertalbahn erleben (www.zillertal.at; Fahrzeit Jenbach–Mayrhofen 1,5 Std.). Wie heimische Molkereiprodukte traditionell hergestellt werden, führen die **ErlebnisSennerei** in Mayrhofen (www.erlebnissennerei-zillertal.at) sowie die **Schaukäserei** in Fügen (https://heumilch.tirol) vor Augen.

HORIZONTERWEITERUNG

Mehr als ein halbes Jahrhundert lang erkundete der Fotograf und Autor Gert Chesi, ein gebürtiger Schwazer, außereuropäische Kulturen. Die Ernte seines enthusiastischen Recherchierens und Sammelns, wertvolle Artefakte vor allem aus Südostasien und Westafrika sowie ein reiches Film- und Fotoarchiv, haben seit 1995 in einem mittlerweile preisgekrönten Museum ein Zuhause gefunden.

Museum der Völker,
Schwaz, St. Martin 16, Tel. 05242 66 090, www.museumdervoelker.com; Do.–So. 10.00 bis 17.00 Uhr, auch Wechselausstellungen

Kramsach: Das Freilichtmuseum Tiroler Bauernhöfe zeigt nicht nur architektonische Traditionen.

INFORMATION
Zillertal Tourismus, B 169 (am Taleingang), A-6262 Schlitters, Tel. 05288 87187, www.zillertal.at

RATTENBERG

Tirols kleinste Stadt (400 Einw.; 1393 Stadtrecht) verdankte ihre Blüte am Übergang vom Spätmittelalter zur Neuzeit Zolleinnahmen aus der Flussschifffahrt, aber mehr noch dem Bergbau, den die Fugger von Kaiser Maximilian übertragen bekommen und von hier aus landesweit überwacht hatten. Erbe des einstigen Wohlstands ist die fotogen zwischen Schlossberg und Fluss gedrängte spätmittelalterliche Bausubstanz im typischen Inn-Salzach-Stil.

SEHENSWERT
Aus der Vielzahl bis zu vier Stock hoher Bürgerhäuser ragen die über 850 scheinbar mit dem Fels verwachsenen alten **Nagelschmiedhäuser** in der Südtiroler Straße heraus. Spezielle Attraktionen sind die spätgotische **Pfarrkirche St. Virgil**, das ehemalige **Augustinerkloster**, heute ein Museum für Sakralkunst (Klostergasse 95, www.augustinermuseum.at; Mai–Okt. tgl. 10.00–17.00 Uhr), und die heute als Freiluftbühne genutzte **Burgruine**. Rattenbergs Rang als altes Zentrum der **Glasbläserkunst** halten weiterhin zwei Dutzend Betriebe lebendig. Mehrere bieten die Möglichkeit, die Kunsthandwerker bei der Arbeit zu erleben (u. a.: Kisslinger Kristallglas, Südtirolerstraße 24, www.kisslinger-kristall.com).

UMGEBUNG
Kramsach ist für seine roten Marmorbrüche, Glasschleifereien und den kuriosen „Friedhof ohne Gräber" bekannt, dessen schmiedeeiserne Kreuze launige Verse zieren. In der Nähe liegen idyllische **Badeseen** und das **Freilichtmuseum Tiroler Bauernhöfe** mit mehr als drei Dutzend Originalgebäuden aus verschiedenen Talschaften (Angerberg 10, www.museum-tb.at; Mai–Sept. tgl. 9.00–18.00, April und Okt. 9.00–17.00 Uhr). Eine Wanderung führt durch die **Tiefenbach-** und **Kaiserklamm** im Brandenbergtal.
Malerisch und dank „Europäischem Forum" bekannt (s. auch S. 50) ist das Bergdorf **Alpbach** (südl.) in der Wildschönau. Von **Wörgl** (nordöstl., S. 67), touristisch weniger attraktiv, gelangt man in das wunderbar wanderbare Hochtal.

INFORMATION
Alpbachtal Tourismus, A-6240 Rattenberg, Tel. 05337 212 00, www.alpbachtal.at

ATEMBERAUBENDE BERGSCHÖNHEIT

Der Naturpark Karwendel ist mit einer Fläche von 727 km² das größte und älteste Schutzgebiet Tirols. Die Region ist Heimat von mehr als 1300 Pflanzen- und 3000 Tierarten, darunter Steinadler.

Zwei Tallandschaften prägen sich speziell ins Gedächtnis: einmal das Hinterautal, wo unweit der Kastenalm zwischen von Birken, Blaubeersträuchern und Enzian umstandenen Moosbänken die Isar, Bayerns viertgrößter Fluss, ihren Ursprung hat. Als familientaugliches Wanderziel lockt hier die Gleirschklamm, als konditionell ungleich ambitiöseres im Südosten das Hallerangerhaus.

Als ähnlich grandios erweist sich das Rißtal. Am Talschluss dieser nur über Bayern und eine Mautstraße erreichbaren Enklave findet sich in 1200 m Seehöhe, nahe dem Almdorf in der „Eng", eingefasst von einem Kranz kolossaler Kalkriegel, eine botanische Rarität ersten Ranges: ein Wald aus jahrhundertealten Ahornbäumen. Bei Hinterriß zweigt das schmale Johannistal ab. Durch

dieses erreicht man – ausschließlich zu Fuß oder mit dem Mountainbike – den Kleinen Ahornboden (7 km) und die Falkenhütte. Der Blick von dort auf die 800 m hoch aufragenden Lalidererwände macht sprachlos.

Anreise: Ins Rißtal mit dem Auto über Wallgau (D) oder Tegernsee und Sylvensteinspeicher nach Vorderriß; oder mit dem Zug bis nach Jenbach (A) oder Lenggries (D), von dort im Bergsteigerbus. Ins Hinterautal per Auto von Seefeld (A) bzw. Mittenwald (D) oder mit der Werdenfelsbahn von München über Garmisch bzw. von Innsbruck bis Scharnitz.

Hotel & Restaurant: € Gasthof Zur Post, 6215 Hinterriß 10, Tel. 05245 206, www.post-hinterriss.info

Weitere Informationen: Naturpark-Infozentrum plus Museum Holzerhütte in Scharnitz, Naturparkhaus und Museum Hinterriß; beide mit vielfältigem Vortrags- und Exkursionsprogramm, Mai–Okt. tgl. 9.00–17.00 Uhr, www.karwendel.org

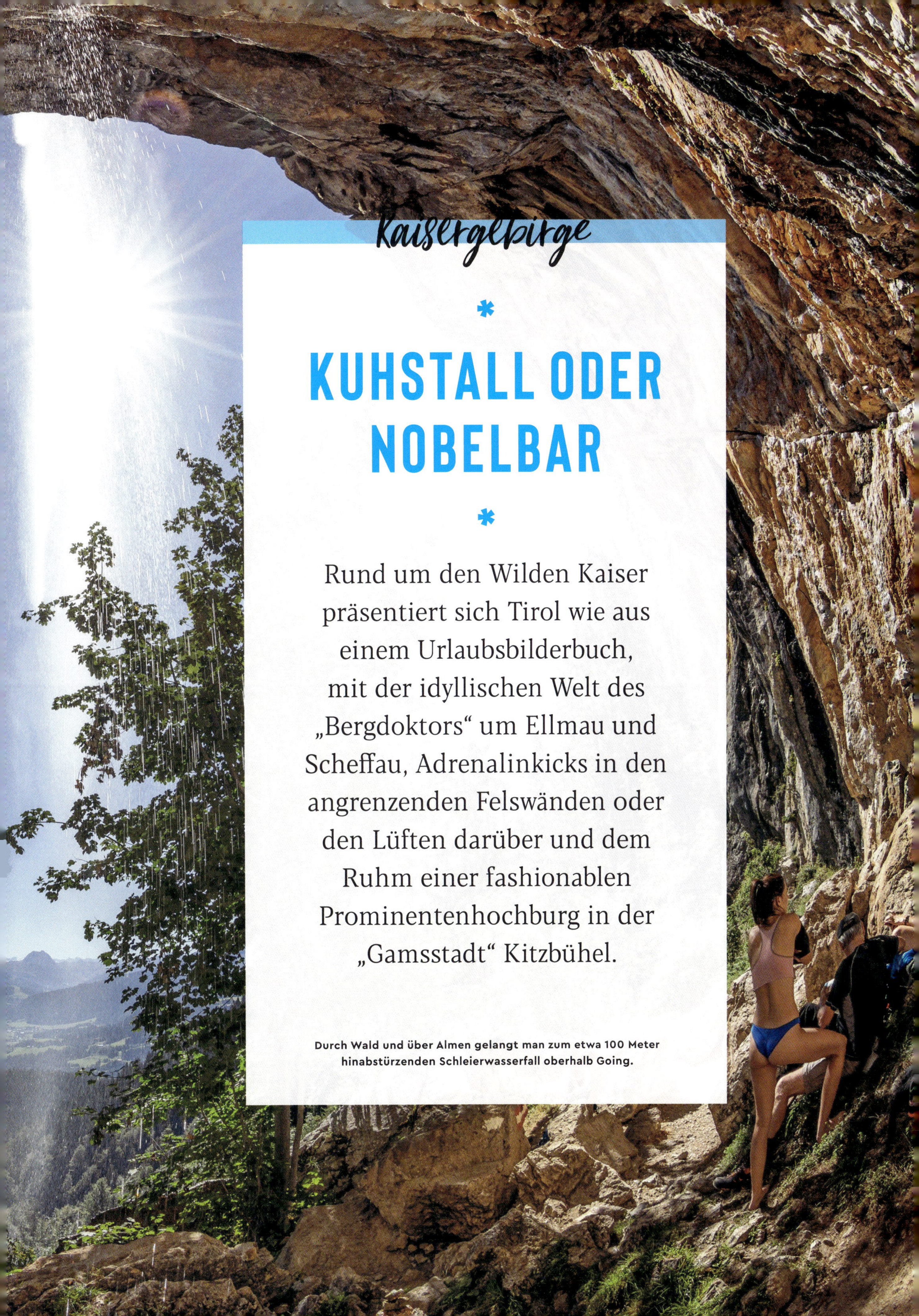

Kaisergebirge

*

KUHSTALL ODER NOBELBAR

*

Rund um den Wilden Kaiser präsentiert sich Tirol wie aus einem Urlaubsbilderbuch, mit der idyllischen Welt des „Bergdoktors“ um Ellmau und Scheffau, Adrenalinkicks in den angrenzenden Felswänden oder den Lüften darüber und dem Ruhm einer fashionablen Prominentenhochburg in der „Gamsstadt“ Kitzbühel.

Durch Wald und über Almen gelangt man zum etwa 100 Meter hinabstürzenden Schleierwasserfall oberhalb Going.

LANGE WAR KUFSTEIN SINNBILD DER GEGNERSCHAFT BAYERNS UND TIROLS.

Seit über 800 Jahren überragt die Festung Kufsteins Ort und den Inn.

Unmittelbar an der Grenze zu Bayern wartet in der kleinen Landgemeinde Erl eine Überraschung aus dem Bereich der Hochkultur. In Sichtweite der Inntalautobahn ragen zwei Kunsttempel aus dem flachen Land, die man hier in der Provinz in solch spektakulärer Modernität eher nicht erwartet. Zum einen lauert, düsterschwarz und scharfkantig schräg, eine Art Ufo in der grünen Wiese: das Stammhaus der Tiroler Festspiele Erl, die darin seit 2012 Konzertmusik und Große Oper auf höchstem Niveau erklingen lassen – ab Herbst 2024 mit Starsänger Jonas Kaufmann als Intendant. Und gleich nebenan schraubt sich, schneeweiß und schneckenförmig, ein halbrunder Bau in den voralpenländischen Himmel. Erbaut in den späten 1950er-Jahren, ist er Heimstatt einer der ältesten Passionsspiele im deutschsprachigen Raum. Immerhin inszenieren die Erler, einem seinerzeitigen Pestgelübde folgend, ihr Bühnenspektakel rund um Leben und Leiden Christi schon seit über 400 Jahren. Ähnlich lange übrigens wie ihre Glaubensgenossen im nahen Thiersee.

RIESENKANONEN UND HELDENORGEL

Noch tiefer lässt sich in unmittelbarer Nachbarschaft in die Geschichte der Region hineinleuchten, wenn man den Scheinwerfer etwa auf die altehrwürdige Grenzstadt Kufstein richtet, die viel besungene „Perle Tirols“. Schließlich zählt deren Wahrzeichen,

Kufsteins Unterer Stadtplatz gilt als Herz der Altstadt.

Der schwarze spitzkantige Anbau der Wiener Architekten Delugan und Meissl des Festspielhauses Erl

Alt-Tiroler Flair in Kufstein: Im „Auracher Löchl“ wird Tiroler Traditionskost serviert, bei Trachten-Stolzer traditionelle Kleidung angepasst.

Beliebtes Ausflugsziel: Rübezahlalm oberhalb von Ellmau

Natürlich mit überbordenden Geranien auf den Balkonen: Wildschönau (oben). Luxuriös bis hin zum eigenen Golfplatz: „Stanglwirt“ in Going (rechts)

Wilder-Kaiser-Blick von der Blattlalm am Speicherteich Astberg oberhalb von Ellmau

St. Johanns ruhiges Ortszentrum an der barocken Mariä-Himmelfahrts-Kirche

die Festung, zu den imposantesten mittelalterlichen Bauwerken des Landes und findet sich bereits vor mehr als 800 Jahren erwähnt. Es war Kaiser Maximilian I., der sie drei Jahrhunderte später zum stärksten Wehrbau am ganzen Inn ausbauen ließ, nachdem er sie zuvor mit den beiden größten Kanonen seiner Zeit, genannt „Weckauf" und „Purlepaus", sturmreif geschossen und so die bayerischen Erzfeinde daraus vertrieben hatte. Außerdem besitzt sie mit der „Heldenorgel" die mit 65 Registern und 4948 Pfeifen größte Freiorgel der Welt, deren gewaltige Klänge bis heute täglich Schlag Mittag und im Sommer auch um 18 Uhr über der Stadt erschallen.

EIN KAISER FÜR DIE EWIGKEIT

Apropos Kaiser: Früher oder später gilt es, Seiner Majestät höchstderoselbst Aufwartung zu machen. Freilich einer Hohheit, die garantiert auch noch dann, wenn sämtliche Monarchen dieser Welt aus Fleisch und Blut längst unter der Erde liegen, in Unverrückbarkeit weiter herrschen wird. Der „Koasa", wie ihn seine Untertanen in ihrer kehlig-breiten, fast schon bairischen Mundart zu nennen pflegen, ist nämlich aus Stein – und nicht nur im Wortsinn die überragende Attraktion der Region. Denn auch wenn dieser aus gutem Grund als „wild" apostrophierte Kaiser beim Blick auf die Landkarte mit seiner Maximalhöhe von gerade mal 2344 Metern gar nicht so imposant erscheinen mag: In natura wirkt er – vor allem vom Süden aus, wo er in kilometerlangen Wänden senkrecht ins sogenannte Sölllandl abbricht – ungemein kolossal. Und fotogen.

Ferienwinkel am Kaiser, so nennt sich Tirols nordöstlichste Ecke in der Sprache der Touristiker – ein beschaulicher Name für eines der schärfsten Kletterreviere der Ostalpen. Aus mehr als 500 Routen aller Schwierigkeitsgrade können Bergkraxler in diesem Gebirgsstock wählen, der übrigens weitflächig unter strengem Naturschutz steht. Schaurige Namen von Gipfeln und Routen wie Totenkirchl, Fleischbank oder Hackenköpfe sprechen für sich, was die alpinistischen Anforderungen und Gefahren betrifft. Bereits der legendäre Bergsteigerpionier Hermann Buhl schwärmte: „Das Ellmauer Tor ist das Tor zu einer Wunderwelt … Eine Landschaft, von Urgewalten geformt." Aber auch vergleichsweise ehrgeizlose Wanderer brauchen nicht über einen Mangel an Betätigungsfeldern zu klagen. Egal von welchem der alterprobten Ferienorte ringsum aus, können sie über ein dicht geflochtenes Wegenetz in die Prachtnatur ausschwärmen und, gehörige Ausdauer vorausgesetzt, sogar zur Grand Tour durch Tirols Bergwelt aufbrechen, zum über 400 Kilometer langen Adlerweg.

AN DEN WÄNDEN DES WILDEN KAISERS HABEN SICH GENERATIONEN VON ALPINISTEN IHRE ERSTEN SPOREN VERDIENT.

Die Gams bzw. das Kitz ist das Wahrzeichen und Wappentier von Kitzbühel (rechts). Das alte Zentrum bestimmen heute wuchtige Stadthäuser mit Boutiquen und Hotels.

KITZBÜHEL, MON AMOUR

Ungleich sanfter, mehr almgrün als felsgrau und weitgehend zackenlos gebärdet sich der südlich angrenzende Gebirgsrücken: die Kitzbüheler Alpen. Deren baumarmes Gelände senkt sich von den grasigen Kuppen hinab zu den Böden der zahlreichen Längs- und Quertäler. Als Wander- und vor allem Wintersportparadies locken sie seit Generationen Erholungsuchende an. Verstärkend hat sicherlich die deutsch-österreichische Fernsehserie „Der Bergdoktor" gewirkt. Die quotenträchtige, auf Motiven gleichnamiger Heftromane basierende Produktion wurde in den 1990ern und wird seit 2008 als Remake in Endlosfolge rund um den Wilden Kaiser gedreht – wobei man die traumhafte Bergkulisse werbewirksam ins Bild zu rücken versteht.

Als touristische Vorzeigeadressen mit hoher Prominentendichte gelten der noble „Stanglwirt" in Going und die hoch über Ellmau auf dem Hartkaiser

RUND UM KITZBÜHEL FINDET SICH DAS, WAS TIROL NACH WIE VOR AUSMACHT: WEITE, RUHE, NATUR.

gelegene edel-rustikale Rübezahlalm. Unbestrittenes Zentrum des Urlauber- und VIP-Rummels in der Region ist freilich Kitzbühel. In dem charmanten einstigen Bergbaustädtchen stand bereits vor gut hundert Jahren eine Wiege des Alpintourismus. Noch vor dem Zweiten Weltkrieg stieß es, insbesondere als Winterziel, in die Oberliga europäischer Nobeltreffs vor. Schon damals gab sich die alpinsportaffine Schickeria im Januar beim Skirennen am Hahnenkamm ein Stelldichein. Inzwischen sind die so prestigeträchtige „Gamsstadt" und ihr Umland für zahlreiche berühmte und betuchte Gäste zur Dauerheimat geworden, zumal solche, die auf Diskretion bedacht sind. Die Preise für Baugrund und historische, auf luxuriös getrimmte Bauernhöfe haben hier längst in für Normalsterbliche unerschwingliche Gefilde abgehoben – was der Schönheit und dem Erholungswert der Bergnatur allerdings keinen Abbruch tut.

Das Stadtmuseum von Kitzbühel verbindet in seinen Sammlungen Frühgeschichte und den Heimatmaler Alfons Walde mit der Skilegende Toni Sailer.

Am nördlichen Ende der Kitzbüheler Altstadt ragt die Liebfrauenkirche auf (oben).
Die spätgotische, später barockisierte Andreaskirche ist Kitzbühels Stadtpfarrkirche (unten).

Unterwegs auf der Streif

Das Hahnenkammrennen

DER MYTHOS VON KITZ

Beim legendären Abfahrtslauf der Herren auf der Kitzbüheler Streif gegen Ende Januar ringt die alpine Ski-Elite um den Sieg. Im Zielraum und später beim Après-Ski kämpfen derweil Prominenz aus Sport, Wirtschaft und Kultur, Königliche Hoheiten, Stars, Starlets und mehr oder weniger schicke Adabeis um Aufmerksamkeit.

Der Startschuss lässt sich exakt datieren: 1892 war es, als sich der Kitzbüheler Bürgermeister Franz Reisch als Erster im Ort ein Paar Skier zulegte. Sie waren aus Holz, 2,30 Meter lang und wurden eigens aus Norwegen angeliefert. Nur zwei Jahre später wurde bereits ein erstes Rennen organisiert. Es dauerte freilich über zwölf Minuten, weil unterwegs mehrere Anstiege zu bewältigen waren. 1931 veranstaltete dann der örtliche Ski-Club die erste Hahnenkammabfahrt. Und 1937 fand erstmals die klassische Kombination statt, bestehend aus Abfahrtslauf auf der Streif und Slalom auf dem Ganslernhang.

Inzwischen liegt der Rekord für die mehr als 3,3 Kilometer lange Strecke bei 1:51,58 Minuten. Und die Höchstgeschwindigkeit, mit der die Athleten auf ihrem Teufelsritt zwischen „Mausefalle“ und „Hausbergkante“, den beiden Schlüsselpassagen dieser im Vorfeld stets flächendeckend vereisten Piste, talwärts rasen, beträgt über 140 Stundenkilometer. Die Zahl der Zuschauer, die in der Zielarena fähnchenschwingend ihren Favoriten zujubeln, ist auf fast 50 000 angewachsen. Rund 700 Medialeute aus 30 Nationen akkreditieren sich für das Event, über das 45 Fernseh- und 30 Radiostationen rund um den Erdball berichten. An den Renntagen sind um den Hahnenkamm mehr als 1500 Personen im Einsatz. Wenig verwunderlich, wenn man bedenkt, dass der an diesem einen Wochenende im Großraum Kitzbühel zusätzlich erzielte Umsatz an die 50 Millionen Euro ausmacht.

EIN JET-SET-TREFF SEIT ALTERS

Die nackten Zahlen, so eindrücklich sie sein mögen, können das Faszi-

Hahnenkamm: Nach dem Rennen ist fast Karneval

Sehen und gesehen werden ist die Devise in Kitzbühel

nosum des Spektakels freilich nur unzureichend erklären. Dieses hat, keine Frage, mit dem legendären Ruf des einstigen Bergwerksstädtchens als „Ibiza des Winters", zu tun, mit dem eigentümlichen atmosphärischen Mix aus Kuhstall und Noblesse. Dass zu Füßen der Kitzbüheler Alpen, ähnlich wie in St. Anton am Arlberg, im ausgehenden 19. Jahrhundert eine Wiege des alpinen Skilaufs stand, ist eine Sache – eine andere der erstaunliche Aufstieg in die Top Ten der europäischen Nobelurlaubsorte. Das entscheidende Adelsprädikat bekam „Kitz" 1935 durch den englischen Kronprinzen verliehen, den späteren Kurzzeitkönig Edward VIII., der einen Boom an britischen Touristen auslöste. Zwar galt Kitzbühel vor 1945 auch bei führenden Nationalsozialisten als bevorzugter Ferienort, doch nach der Befreiung las sich die Gästeliste alsbald ungleich unverfänglicher. Nun gab sich hier vornehmlich die aus Film, Funk und Fernsehen bekannte Hautevolee ein Stelldichein. Ian Fleming, Schöpfer von James Bond, oder der Wahltibeter Heinrich Harrer lebten hier ebenso lange Jahre wie Fußballkaiser Beckenbauer. Hansi Hinterseer hingegen und auch der multiple Olympiasieger und

Zieleinlauf des Hahnenkammrennens in Kitzbühel

„Schwarze Blitz" Toni Sailer mussten gar nicht erst zuziehen. Sie sind durch Geburt waschechte Kitzbüheler.

DIE KRONE DER KÖNIGSDISZIPLIN

Die Crème de la Crème der regenbogenpressegeeichten High Society, eine Begum oder Caroline von Monaco, die Kennedys und Onassis', sind längst nach Gstaad, St. Moritz oder Lech weitergezogen – oder verstorben. Und Betuchteste wie die Flicks, Quandts oder Swarovskis frönen dem Après-Ski eher publikumsscheu. Der Mythos von Kitz als Ort, wo dem Sieger der „schwierigsten Abfahrtsstrecke der Welt" alljährlich die Krone in dieser Königsdisziplin des alpinen Herrenskilaufs aufgesetzt wird, ist jedoch bis heute höchst lebendig geblieben. Und mit ihm der Ruhm seiner Bezwinger. Wie meinte schon Kaiser Franz Klammer, dem als einzigem Österreicher der Skigeschichte der Hahnenkamm gleich viermal schwoll: „Die Streif, ja, die Streif ist das Rennen aller Rennen."

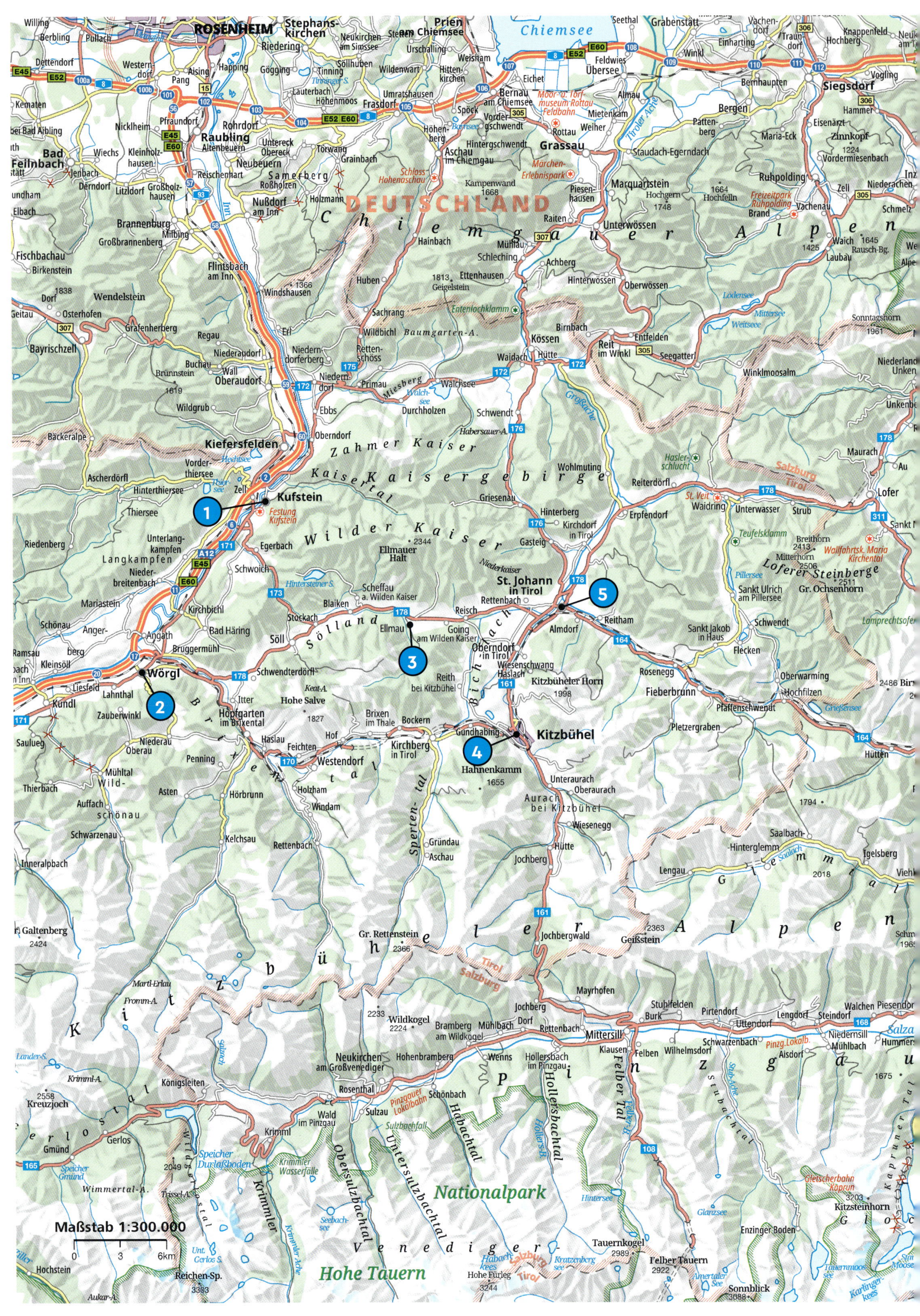

EINE FERIENREGION WIE AUS DEM BILDERBUCH

Seine schroffe Majestät der Wilde Kaiser, die sanften Graskuppen der Kitzbüheler Alpen und dazwischen beschauliche Täler mit anmutigen Orten, allen voran das hochnoble „Kitz" – Urlauberherz, was willst du mehr?

KUFSTEIN

Weithin sichtbares Wahrzeichen der mit knapp 20 000 Einw. zweitgrößten Stadt Tirols ist die gewaltige Festung, die über Jahrhunderte den strategisch wichtigen Inndurchbruch und damit die Grenze zu Bayern bewachte. Der Ort zu ihren Füßen war schon vor der Römerzeit besiedelt und gehört seit 1504 zu Tirol (Stadtrecht Ende des 14. Jh.). Heute floriert Kufstein als regionales Wirtschafts- und Kulturzentrum mit hoher Lebensqualität.

SEHENSWERT

1205 erstmals erwähnt, diente die **Festung** mit dem markanten Rundturm bis ins 20. Jh. auch als Staatsgefängnis. Heute birgt die mittels historischem Schrägaufzug erreichbare Anlage mehrere Museen (www.festung.kufstein.at; April bis Anf. Nov. tgl. 9.00–18.00 Uhr): in der zentralen Oberen Schlosskaserne ein Heimatmuseum, in den Türmen und Batterien Einzelausstellungen u. a. zu Kaiser Maximilian, den Tiroler Schützen und Kaiserjägern oder den Themen Haft und Folter. Im Bürgerturm kann man der Heldenorgel lauschen, mit fast 5000 Pfeifen die größte Freiorgel der Welt (tgl. 12.00, Juli u. Aug. auch 18.00 Uhr). Im Tal lädt das kleine, aber feine **Madersperger Museum** ins Geburtshaus des wirtschaftlich erfolglosen Erfinders der Nähmaschine (Kinkstr. 16; Mo.–Sa., Sommer auch So. 9.00–17.00 Uhr) und die entlang der Römerhofgasse sowie rund um Unteren und Oberen Stadtplatz zentrierte lebhafte **Altstadt** zum Flanieren ein.

ERLEBEN

Im nahen Erl (nördl.) ziehen seit einem Vierteljahrhundert die **Tiroler Festspiele Erl** qualitätsbewusste Opern- und Konzertgänger an (www.tiroler-festspiele.at; Ostern und Juli). Seit 1799 führen Thierseeer als Laienschauspieler vor glaubensaffinen Zuschauern sommerliche **Passionsspiele** auf, ein berührendes Ereignis (https://passionsspiele-thiersee.at; wieder 2028).

HOTEL & RESTAURANT

Der traditionsreiche Gasthof €€€ **Blaue Quelle** verwöhnt mit feiner Kulinarik und edelrustikalen Zimmern. Die fangfrischen Forellen stammen aus dem Teich hinterm Haus (Mühlgraben 52, Erl, Tel. 05373 81 28, www.blauequelle.at).
Im €€€ **Auracher Löchl** werden Tiroler Spezialitäten und saftige Steaks serviert (Römerhofgasse 4, Tel. 05372 6 21 38, www.auracher-loechl.at; Mo.–Fr. 17.00–23.00, Sa., So. ab 12.00, Bar Di. bis Sa. 18.00–2.00 Uhr).

INFORMATION

Tourismusverband Kufsteinerland, A-6330 Kufstein, Unterer Stadtplatz 11, Tel. 05372 6 22 07, www.kufstein.com

FRAGILE KOSTBARKEITEN

Aus ihren zerbrechlichen Erzeugnissen werden rund um den Globus die edelsten Tropfen genossen. Sie sind häufig handgefertigt und mundgeblasen, klingen wie Kirchenglocken und helfen die feinsten Duftnuancen zu entfalten. Und manch Prototyp fand als Designikone den Weg in weltberühmte Museen. Erraten: Die Rede ist von der Glasfabrik Riedel. An deren Stammsitz in Kufstein erlaubt eine Schauhütte Einblicke in die filigrane Kunst der Glasbläserei. Zudem besteht Gelegenheit zum günstigen Ab-Werk-Einkauf.

Glasfabrik Riedel,
Weissachstraße 28–34, A-6330 Kufstein; Riedel Museum: Mo.–Fr. 9.30–17.00, Sa. bis 13.30, Werksbesichtigung: Mo.–Fr. 9.30–16.00, Führungen: 11.00 u. 13.30, Shop: Mo.–Fr. 9.30–18.00, Sa. bis 14.00 Uhr; www.riedel.com

Wehrcharakter bis heute: Kufsteiner Festung

WÖRGL

Die Stadt (14 000 Einw.) ist das Gewerbe- und Handelszentrum des Unterlandes und dank ihrer Lage am Schnittpunkt von Inn- und Brixental seit Römerzeiten ein Verkehrsknotenpunkt, der gute Anbindung an viele Ferienregionen bietet. Im Zweiten Weltkrieg weitgehend zerstört, steht sie nicht gerade im Ruf einer Schönheit. Idyllischer ist das Hinterland, namentlich die Wildschönau.

SEHENSWERT

Schmuckstücke in Wildschönau-Oberau (4300 Einw., südl.) sind die Mitte des 18. Jh. erbaute **Pfarrkirche St. Margaretha** und am nordöstl. Ortsrand die ebenfalls barocke **Antoniuskapelle**. Besuchenswert sind das **1. Tiroler Holzmuseum** im benachbarten Auffach (https://holzmuseum.com; Mitte Mai–Sept. Mi.–Fr. 10.00–17.00 Uhr) sowie, auch wegen seines Handwerksmarkts (Ende Mai bis Sept. Do. 12.00–17.00 Uhr), das **Bergbauernmuseum z'Bach** in Oberau (www.bergbauern museum.at).

ERLEBEN

Die **Wildschönau** ist ein 24 km langes, beschauliches Hochtal; es gilt als Wanderparadies mit einem Wegenetz von 300 km. Eine der schönsten Felsschluchten Österreichs ist die **Kundler Klamm**, 3,5 km lang, komfortabel begehbar und von Wildschönau-Mühltal erreichbar – auch mit dem Bummelzug (Mitte Mai–Sept.). Ausgangspunkt für lohnende Wanderziele ist das **Markbachjoch**. Am **Schatzberg** will der Panorama-Rundwanderweg erkundet werden (Seilbahnen ab Niederau bzw. Auffach).

HOTEL & RESTAURANT
Unterkünfte aller Kategorien gibt es in der Wildschönau zuhauf. Eine Traditionsadresse, gemütlich und mit schmackhafter Küche, ist der Gasthof **€€ Weißbacher** (Dorf 4, Auffach, Tel. 05338 8934, www.traditionsgasthof-weissbacher.com).

INFORMATION
Wildschönau Tourismus, Hauserweg, Oberau 337, A-6311 Wildschönau, Tel. 05339 8255, www.wildschoenau.com

Gute Gelegenheit zum Abheben: Unterberghorn bei Kössen

3 ELLMAU

Bekannt als Schauplatz der seit 2008 ausgestrahlten Fernsehserie „Der Bergdoktor", ist das Dorf touristisches Zentrum des Söllands. Im Verbund mit Söll, Scheffau und Going bildet es eine sommers wie winters viel besuchte Ferienregion. Deren Attraktivität verdankt sich dem Kontrast zwischen sattgrünen Wiesen und Wäldern im Tal und den gewaltigen hellgrauen Kalkmassivhöhen des Wilden Kaisers, die das Tal nach Norden hin begrenzen.

ERLEBEN
Das **Kaisergebirge** samt seinem höchsten Gipfel, dem Ellmauer Halt (2344 m), ist als Naturpark unter Schutz gestellt und wegen des schroffen Terrains eher ein Revier für geübte Bergsteiger. Ungleich lieblicher und dank Gondelbahnen bequem zu erwandern sind die **Grasberge** gegenüber, Teil der Kitzbüheler Alpen. Top-Aussichtsziele und im Winter Teil der „Skiwelt Wilder Kaiser/Brixental" sind Hartkaiser (1553 m, Talstation Ellmau) und Hohe Salve (1828 m, Talstation Söll). Auf 5-stündigen geführten **Filmwanderungen** in Ellmau (jeden 2. Di.) kann man die Originaldrehorte erkunden und erfährt dabei heitere Anekdoten aus der Filmarbeit.
Sommerliche Badeoasen sind der **Hintersteinersee** in Scheffau und der **Ahornsee** in Söll. Bei Going können mehrere **Moorwanderwege** erkundet werden.
Besonders für Familien unterhaltsam: die Erlebniswelt **Hexenwasser** auf der Hohen Salve, in der die kleinen und großen Wunder der Natur im Vordergrund stehen (www.hexenwasser.at), **Ellmi's Zauberwelt** auf dem Hartkaiser unweit des populären Ausflugsgasthofs Rübezahlalm (www.ellmi.at, www.ruebezahlalm.at) und die **Kaiserwelt** oberhalb von Scheffau, mit Spiel und Spaß (www.kaiserwelt.at).

HOTEL
Vorzeigebetrieb der Region, so luxuriös wie prominent und kinderfreundlich, ist das Resorthotel **€€€€ Stanglwirt** in Going (Tel. 05358 2000, www.stanglwirt.com).

INFORMATION
Tourismusverband Wilder Kaiser, Dorf 35, A-6352 Ellmau, Tel. 050509, www.wilderkaiser.info

4 KITZBÜHEL

Eingebettet in die sanften Hänge von Stuckkogel, Hahnenkamm und Kitzbüheler Horn, hat sich das schmucke Städtchen (Stadtrecht 1271), in dessen Umland man schon in der Bronzezeit und verstärkt im 16./17. Jh. Kupfer abbaute, ab 1900 als Zentrum des Skilaufs etabliert. Seit der Zwischenkriegszeit fungiert „Kitz" im Winter als Treffpunkt der internationalen High Society.

SEHENSWERT
Ein Spaziergang durch die auf einem lang gestreckten Hügel, dem Bühel, errichtete **Altstadt** offenbart reihenweise prächtige spätmittelalterliche Häuser mit bunten Barockfassaden. Im Zentrum stößt man auf die gotische **Katharinenkirche** (1365; Glockenspiel tgl. 11.00 und 17.00 Uhr) und das **Stadtmuseum**, das in seinem über 600-jährigen Gemäuer u. a. Gemälde des Heimatmalers Alfons Walde (1891–1958) beherbergt (Hinterstadt 32, www.museum-kitzbuehel.at; Di. bis Fr. 10.00–13.00, Sa. 10.00–17.00 Uhr). Weiter nördlich steht ein ganzer Cluster von Sakralbauten, darunter die spätgotisch-barocke **Andreas-** und die noch ältere **Liebfrauenkirche** (um 1500 bzw. 14. Jh.).

ERLEBEN
Die kaum über 2000 m hohen **Grasberge** im Umland, mit dichten Wäldern und idyllischen Almen, machen die „Gamsstadt" zum Wanderparadies, die über 60 Lifte und Seilbahnen sowie die überaus dichte Lokalszene für das Après-Ski zum Dorado für gesellige Wintersportler. Passivsportler strömen im Januar zum **Hahnenkamm-Skirennen** (www.hahnenkamm.com), sommers zum **Triathlon** (www.triathlon-kitzbuehel.com) und **ATP-Tennisturnier** (www.generaliopen.com).

HOTEL & RESTAURANT
Top-Service, edelrustikales Ambiente und vorzügliche Küche offeriert das **€€€€ Hotel Kitzhof** (Schwarzseestraße 8–10, Tel. 05356 632110, www.hotel-kitzhof.com).
Herzhafte Spezialitäten und hausgebrautes Bier kommen im **€€ Huberbräu-Stüberl** auf den Tisch (Vorderstadt 18, Tel. 05356 65677).

EINKAUFEN
Das Stadtzentrum, vor allem die zentralen Straßen **Vorder-** und **Hinterstadt**, ist die Heimat von Edelboutiquen für eine betuchte Klientel. Nicht minder exklusiv und einen Schaufensterbummel ebenfalls wert ist die Luxus-Mall **Kitz Galleria** (Im Gries 20, www.kitz-galleria.at). Zum Verkosten von Schmankerln lädt der samstägliche **Genussmarkt** (Hinterstadt) ein.

UMGEBUNG
Die schönste Aussicht auf Stadt und Bergwelt hat man vom **Kitzbüheler Horn** (1996 m), das man per Gondelbahn oder auf der Mautstraße erreicht. Eine schöne Wanderung führt am Ortsrand vor der Kulisse des Wilden Kaisers zum moorig-warmen **Schwarzsee**. Als Ausflugsziele beliebt sind südl. das (Kupfer-)Schaubergwerk in **Jochberg** (www.kupferplatte.at) und der Wildpark Tirol mit vor allen heimischen Tierarten in **Oberaurach** (www.wildpark-tirol.at).

INFORMATION
Kitzbühel Tourismus, Hinterstadt 18, A-6370 Kitzbühel, Tel. 05356 66660, www.kitzbuehel.com

5 ST. JOHANN IN TIROL

Die Marktgemeinde (9500 Einw.) ist merklich bodenständiger als der noble Stadtnachbar Kitzbühel, dafür ein wichtiges Regionalzentrum für Gewerbe und Milchwirtschaft, zudem gleichfalls ein sommers wie winters viel besuchter Ferienort. Zeitweisen Wohlstand brachten ab dem 16. Jh. Kupfer- und Silberfunde in der Umgebung (Bergbau bis ins 18. Jh.).

SEHENSWERT
Blickfang im verkehrsberuhigten Ortskern ist die doppeltürmige **Pfarrkirche Mariä Himmelfahrt** (um 1730), kunsthistorischer Höhepunkt auch die barocke **Antoniuskapelle** in der Bahnhofsstraße. Zur stimmungsvollen Atmosphäre tragen neben der quirligen Lokalszene die farbenfrohen Fassaden altehrwürdiger Bauernhäuser bei. Das **Hei-**

Nordic Walking: beim Gamstrail durch die Berg- und Almenwelt der Kitzbüheler Grasberge

Dem brandenden Applaus entgegen: Ziel des Hahnenkamm-Rennens

matmuseum bietet neben Regionalgeschichtlichem auch Gegenwartskunst und den Themenschwerpunkt Kaisergebirge, inklusive großem Reliefmodell (Bahnhofstraße 8, www.museum1.at; Juli–Sept. Di.–Sa. 11.00–14.00 Uhr).

ERLEBEN
Kaisergebirge, **Loferer Steinberge** und **Kitzbüheler Horn** bescheren nicht nur eine majestätische Kulisse, sondern auch ein riesiges ganzjähriges Betätigungsfeld für Outdoorsport-Enthusiasten. Auf das Horn gelangt man mit der **Harschbichlbahn**; von der gleichnamigen Alm an der Mittelstation kann man im **Mountaincart** zu Tal brausen (beide www.harschbichlalm.at). Dort liegt auch der **Kletterwald Hornpark** (www.hornpark.at).

CAFÉ
Eine süße Sünde wert sind die Torten und Kuchen im über hundert Jahre alten €€ **Café Rainer** (Speckbacherstraße 6, www.cafe-rainer.com; Mo., Mi.–Sa. 8.00–18.00, So., Fei. 9.00–18.00 Uhr).

UMGEBUNG
Auch der sogenannte **Kaiserwinkl**, die Ferienregion nördlich des Wilden Kaisers, ist ein idealtypisches Betätigungsfeld für Alpinsportler, Radfahrer und, dank der Tiroler Ache, zum Rafting und Kajaken. Der Hauptort **Kössen** (nördl.) bzw. dessen Hausberg, das **Unterberghorn** (1773 m), ist eine Hochburg der Gleitschirm- und Drachenfliegerei. Betätigungsfelder für Wassersportler bieten ganz in der Nähe **Walch-** und **Pillersee**.

INFORMATION
Kitzbüheler Alpen, Infobüro, Poststraße 2, A-6380 St. Johann in Tirol, Tel. 05352 63 33 50, www.kitzbueheler-alpen.com

DEM WILDEN KAISER DIE EHRE ERWEISEN

413 Kilometer und 31000 Höhenmeter – der Adlerweg durchquert Tirols hochalpine Bergwelt von Ost nach West. Wem es für die Grand Tour an Zeit oder Kondition mangelt, der sollte zumindest den ersten Abschnitt wagen – von St. Johann den Südsaum des Naturparks Kaisergebirge entlang bis nach Kufstein.

Drei Tage ist man unterwegs durch eine phänomenale Landschaftskulisse: schroffe Felsgipfel, umkränzt von Bändern grüner Almwiesen, Wäldern ... Naturdenkmäler wie Schleierwasserfall und Hintersteiner See säumen ebenso den Weg wie bewirtschaftete Almen, wo den müden Wanderer herzhafte Kost, gepaart mit Hüttenromantik, erwartet. Diese – in der Regel von Mitte Mai bis Mitte Okt. geöffneten – Einkehrorte sind (in der Reihenfolge der Tour): Ackerlhütte und Obere Regalm, Gruttenhütte, Walleralm, Kaindlhütte und Brentenjochalm.

Obacht freilich! Auch wenn das Gros der Strecke auf bequemen Bergwegen verläuft: Trittsicherheit und Schwindelfreiheit, kurz: eine gewisse Alpinerfahrung, sollte man sehr wohl mitbringen. Denn manche Passagen führen über schmale Steige sowie kurze Leitern und mancherorts liegt noch im Frühsommer Schnee.

Ausgangspunkt: Gasthaus Rummlerhof, 3 km nordwestlich vom Bahnhof St. Johann, (www.rummlerhof.at).

Beschilderung: Am Parkplatz Rummlerhof liefert eine Adler-Installation Runduminformationen. Die Wege selbst sind bestens markiert, die Wegtafeln mit Schwierigkeitsgraden, Gehzeiten und Angaben über Öffnungszeiten von Hütten und Berggasthöfen versehen.

Unterkünfte: Erste Nacht Gaudeamushütte (Tel. 05358 22 62; Mitte Mai–Mitte Okt.), zweite Nacht in Scheffau (Gratis-Gästebus vom Hintersteiner See).

Auskünfte und Informationen: www.tirol.at/adlerweg

SCHROFFER FELS, SANFTE KUPPEN

Unterwegs im Westen: Während am Arlberg und in der Zugspitz-Arena Alpinsportler vor allem winters ins Jauchzen geraten und auch ausgiebig dem Après-Ski-Vergnügen frönen, finden Erholungsuchende etwa im Tannheimer Tal und entlang dem Lech Stille und Naturerleben in Reinkultur.

Eine eindrucksvolle Skishow präsentiert multimedial die Entwicklung des Skisports: das „Schneetreiben" in St. Anton am Arlberg.

Beim „Schneetreiben“ von St. Anton fehlt es nicht an spektakulären Darbietungen.

Fabelhafte Ferienorte brauchen anscheinend fabelhafte Pioniergeschichten. Im Fall von St. Anton handelt sie selbstverständlich von einem Helden des Skisports: Sir Frederick Sleigh Roberts. Lord Roberts, für seine Verdienste als Kommandeur in Afghanistan zum Earl of Kandahar erhoben, hatte in der Schweiz den britischen Kandahar Ski Club gegründet. Im März 1928 organisierten die Mitglieder des Kandahar-Clubs und des Ski-Clubs Arlberg am, St. Antoner Hausberg Galzig erstmals einen alpinen Kombinationswettbewerb, bestehend aus Slalom und Abfahrtslauf. Damit war das „Arlberg Kandahar Rennen“ geboren.

Seit diesen frühen Tagen, als die Lehrer der „Arlbergschule“ das Wedeln und die Abfahrtstechnik entwickelten, ist die skitouristische Infrastruktur entlang der Grenze zwischen Tirol und Vorarlberg gewaltig angewachsen. Der Arlberg zählt zu den fünf größten Skigebieten der Welt. Das „Kandahar“ freilich hat seinen Klassikerstatus und Rang in der Topliga des Rennsports bewahrt, ist vergleichbar nur mit dem Kitzbüheler Hahnenkamm, dem Wengener Lauberhorn und der Saslong in Gröden.

Im Sommers ist die Valluga bei Bergwanderern beliebt, im Winter als Teil von „Ski Arlberg“.

MIT 88 BERGBAHNEN UND LIFTEN, ÜBER 500 KILOMETERN PISTEN UND ABFAHRTEN IST DER ARLBERG ÖSTERREICHS GRÖSSTES SKIGEBIET.

EIN ÜBERWUNDENES HINDERNIS

Der Arlberg ist nicht nur eine Wiege des Skirennsports, sondern auch eine mächtige Landschaftsbarriere. An die Mühsal seiner Querung in vormodernen Zeiten gemahnt nahe der Passhöhe das ehemalige Hospiz St. Christoph. Bereits im ausgehenden 14. Jahrhundert fanden dort bedürftige Reisende Kost und Logis – nicht selten ein lebensrettender Zufluchtsort, finanziert durch Spenden. Im 16. Jahrhundert gründeten Bauern aus den umliegenden Talorten eine Bruderschaft. Deren Idealismus griff mehr als sechs Jahrhunderte später, in den frühen 1960ern, der Hotelier Arnold Ganahl auf und ließ die Bruderschaft St. Christoph wieder

Die Vallugabahn führt hinauf zum Vallugagrat und dem namengebenden, über 2800 Meter hohen Berg Valluga.

Die Valluga zwischen den österreichischen Bundesländern Tirol und Vorarlberg ist der höchste Gipfel im Arlberggebiet.

Ebenso wichtig wie der Sport im winterlichen Weiß tagsüber ist das abendliche Après-Ski im Ort St. Anton.

Beim Kirchtagfest rund um die Pfarrkirche bietet St. Anton auf, was an traditioneller Tracht und Volksmusik möglich ist (rechts und unten).

Wenn der Bergsommer seinem Ende entgegengeht, kehren die Kühe beim Almabtrieb ins Tal zurück. Ihr Schmuck zeigt einen reibungslosen und unfallfreien Almsommer an.

Der Almsommer am Arlberg geht zu Ende, St. Antons Kühe kehren in den heimatlichen Stall zurück.

1796 verteidigten sich die Schützenkompanien des Tannheimer Tales gegen einfallende Franzosen. Seither wird der 17. September alljährlich als Talfeiertag begangen.

aufleben. Sie ist eine rein karitative „Vereinigung christlicher Nächstenliebe“ für in Not geratene Familien mit Kindern mit inzwischen über 20 000 betuchten, teils blaublütigen Mitgliedern.

Die Rolle des Arlbergs als eine der großen Ost-West-Verkehrsachsen Mitteleuropas ist freilich vergleichsweise jung. Erst vor rund 240 Jahren wurde unter Kaiser Josef II. der vormalige Saumpfad über den Pass, dessen Scheitel übrigens ziemlich genau die Mitte der Strecke Paris–Wien markiert, zur Fahrstraße ausgebaut. 1884 hielt das Eisenbahnzeitalter Einzug mit dem Bau des phänomenale 10 270 Meter langen Arlbergtunnels. Weitere fast hundert Jahre später, 1979, folgte der Straßentunnel, mit seinen knapp 14 Kilometern anfangs der weltweit längste seiner Art. Allerdings änderte auch er nichts daran, dass man heute gelegentlich vonseiten des alemannischen Vorarlberg wie des bajuwarischen Tirol im Halbernst den brummigen Spruch hört: „Was Gott durch einen Berg getrennt hat, das soll der Mensch nicht durch ein Loch vereinen!“

DAUERTHEMA TRANSITVERKEHR

Das Thema Verkehr ist auch im äußersten Nordwesten Tirols, dem alemannisch geprägten Außerfern, seit jeher ein zentrales. Schon zur Römerzeit bildete die Via Claudia Augusta über den Reschen- und den Fernpass die Verbindung von der Adria in den Donauraum, vergleichbar mit der heutigen Brennerroute. Und ihr Streckenabschnitt vom Inntal bei Imst über Nassereith und Reutte ist heute befahrener denn je. Denn jener Verkehr, der nicht den nordöstlichen Weg durch das Unterinntal nach Rosenheim nimmt, quetscht sich durch das Nadelöhr Loisach- und Lechtal Richtung Garmisch oder Allgäu – und sorgt bei den dortigen Anrainern für Unmut. Denn obgleich seit Jahrzehnten über eine Entlastung verhandelt wird, wächst die Verkehrslawine stetig, und keine Maßnahme vermochte daran etwas zu ändern. Zwar bohren Österreicher und Italiener seit 2015 eifrig am Brennerbasistunnel. Das neun Milliarden Euro teure Gemeinschaftsprojekt soll 2031 fertig sein. Doch Deutschland verschleppt die Planung des nördlichen Zulaufs, weil sich Oberbayern vehement gegen zusätzliche Gleise wehrt. Als man deshalb tirolerischerseits im Sommer 2019 für die Ferienwochenenden als Art Notwehraktion in einigen Regionen ein Autofahrverbot verkündete, schrien die deutschen Nachbarn Zeter und Mordio. Worauf Landeshauptmann Platter in Innsbruck mit feinem Gespür für den Lokalpatriotismus äußerte: „Der bayerische Löwe brüllt, der Tiroler Adler lässt sich jedoch nicht beeindrucken.“ Immerhin redeten die Konfliktparteien auch nachher miteinander.

DER BRENNERBASISTUNNEL SOLL MIT 64 KILOMETERN EINMAL DIE LÄNGSTE UNTERIRDISCHE EISENBAHN-VERBINDUNG DER WELT WERDEN.

Nach 3600 Metern erreicht die Tiroler Zugspitzbahn den Gipfel.

Porträt mit Kreuz auf dem Zugspitz-Ostgipfel

Lohn für den Gipfelsturm:
Selfie mit wettergegerbter Zugspitzgams

NICHT NUR HERZSCHMERZ

Von der mutigen Kunstpionierin zur berühmten Romanfigur „Geier-Wally“: Wie ein Bauernmädel aus dem Lechtal zum Symbol für frühe Frauenemanzipation wurde.

Der Entschluss war Mitte des 19. Jahrhunderts für eine junge Frau ihrer Herkunft mehr als kühn. Als Anna Knittel, Tochter eines Büchsenmachers aus Elbigenalp, 1859 zum Kunststudium nach München zog, schien der Berufswunsch Kunstmalerin zunächst wie ein unerfüllbarer Traum. Doch an der Isar zur qualitätvollen Porträt- und Blumenmalerin gereift, wagte sie den Schritt, sich in Innsbruck als freischaffende Künstlerin niederzulassen, und gründete in der Landeshauptstadt eine „Zeichen- und Malschule für Damen“, die sie bis ins hohe Alter selbst leitete.

Was Anna international Prominenz bescherte, war freilich ein Selbstbildnis. Es zeigt sie als Siebzehnjährige, an einem Seil in steiler Felswand hängend, beim Ausnehmen eines Adlerhorsts. Das Bravourstück, mit dem die unbändige Anna sämtliche Dorfburschen ausstach, kam Jahre später der Schriftstellerin Wilhelmine von Hillern zu Ohren, die sie zur Grundlage für einen Heimatroman machte. Angereichert mit einer herzergreifenden Liebesgeschichte, fand „Die Geier-Wally“ weite Verbreitung, wurde sogar mehrfach verfilmt und als Oper vertont.

ABSEITS DER STRASSEN: PURE PRACHTNATUR

Der Kampf gegen die Rolle der Region als „Auspuff Europas“ darf freilich keinesfalls den Blick auf ihre Schönheit vernebeln. Die Gebiete zwischen Ehrwalder Becken und Oberem Lechtal gehören zwar zu Tirol, sind jedoch uralter alemannischer Siedlungsboden, historisch und kulturell in vielem Bayern näher. Vor allem sind sie von betörender landschaftlicher Pracht. Allein die Zufahrt über das Hahntennjoch, jene wohltuend wenig befahrene Alternative zum Fernpass, die sich von Imst entlang schroffer Felswände und Steilhänge 30 Kilometer weit hinüber ins Bschlaber- und weiter ins Lechtal schlängelt, legt davon Zeugnis ab. Nicht minder anmutig präsentiert sich im nordwestlichsten Zipfel das Tannheimer Tal. Und auch die Siedlungen, das Bezirkszentrum Reutte ebenso wie die vielen Ferienorte, schmeicheln mit barock freskierten Bürger- und Bauernhäusern den Augen der Reisenden. Den Gipfel an natürlicher Harmonie allerdings offenbart der Lech. Länger als jeder andere Fluss der Nordalpen mäandert er, unbeeinträchtigt von Menschenhand, von seinem Ursprung im Arlberggebiet bis nach Füssen, wobei sich Kies- und Schotterbänke je nach Wasserstand und Strömung frei verändern können. „Der letzte Wilde“ – zutreffender hätte man die Dauerausstellung denn auch nicht betiteln können, die in der Burgenwelt Ehrenberg südlich Reutte staunenden Besuchern, Jung und Alt, die wundersame Welt des Naturpark Tiroler Lech näher bringt.

Mit der Tiroler Zugspitzbahn lässt sich der höchste Gipfel der Nordalpen samt Panoramarestaurant bequem erreichen.

Urgemütliche Wirtshäuser

GENUSS UND BEHAGLICHKEIT

Tirols gastronomische Landkarte ist gespickt mit geschichtsträchtigen Adressen, deren Betreiber mit Hingabe die Tradition authentischer Kochkunst und Gastlichkeit pflegen. Holzgetäfelte Stuben, oft unter alten Gewölben, bilden den urgemütlichen Rahmen für herzhafte Gaumenfreuden. Hier eine Auswahl.

1

POSTGASTHOF GEMSE

Fünf Autominuten nördlich von Landeck steht direkt neben der ehemaligen Römerstraße Via Claudia Augusta ein Dorfgasthaus wie aus dem Bilderbuch. Seit 1726 wird es von der Familie Haueis bewirtschaftet. Der heutige Chef, Seppl Haueis, herrscht über sein Reich auch schon seit mehr als 30 Jahren und kredenzt in den holzgetäfelten Stuben vorwiegend Produkte aus der eigenen Landwirtschaft. Dabei legt er, saisonal abgestimmt, im Frühling das Schwergewicht auf Spargel und Beeren, im Herbst auf Wild, Kürbis, Geräuchertes und auch Tiroler Berglamm.

Postgasthof Gemse, Hauptplatz 1, A-6511 Zams, Tel. 054 4 26 24 78, www.postgasthof-gemse.at

WIRTSHAUS SCHÖNECK

In bester Panoramalage, ganz in der Nähe von Alpenzoo und Weiherburg, thront das Paradewirtshaus oberhalb von Innsbruck. Es hat gut 120 Jahre auf dem Buckel und präsentiert sich originalgetreu renoviert. Stilvoll dinieren lässt sich hier nicht nur auf der Holzveranda mit Blick auf die Landeshauptstadt, in gemütlichen Stuben und sommers im Gastgarten, sondern auch im Weinkeller. Und die Fortsetzung des hohen Niveaus in der Küche – immerhin hatte sich Langzeitchef Alfred Miller zwei Hauben und 15 Gault-Millau-Punkte erkocht – scheint unter dem Nachfolger Philipp Hortner garantiert.

Wirtshaus Schöneck, Weiherburggasse 6, A-6020 Innsbruck, Tel. 0512 27 27 28, www.wirtshaus-schoeneck.com

3

ZUM WILDEN MANN

Das Prädikat „stattlich“ ist fast eine Untertreibung, wenn man diesen seit Jahrhunderten als Raststätte an der alten Römerstraße Richtung Brenner bekannten Gasthof beschreiben will. Allein das Äußere! Die wuchtigen Mauern und Erker, der hölzerne Prachtgiebel und das Fresko des Holzprügel schwingenden Namenspatrons! Auf ihre Art nicht minder eindrucksvoll: das holzgetäfelte Innere und das, was aus der Küche kommt. Letzteres stammt größtenteils aus der eigenen Landwirtschaft und wird von Chef Michael Streng und seinem Team auf preisgekröntem Haubenniveau zubereitet.

Zum Wilden Mann, Römerstraße 12, A-6072 Lans, Tel. 0512 37 96 96, www.wildermann-lans.at

GASTHOF ZUM SCHWAN

„Ehrlichkeit zur Frische als Basis, gepaart mit Treue zu Region und Natur, dazu eine gehörige Portion Kreativität, die Traditionelles mit Modernem verbindet.“ So beschreiben die Wirtsleute Eberl – sie Sommelière, er Chefkoch – zutreffend die Philosophie, der sie in ihrem gemütlichen Gasthof huldigen. Die Speisekarte ist gespickt mit Spezialitäten aus dem heimischen Rezepterepertoire, wie Schlutzkrapfen oder Erdäpfelpaunzen (Gnocchi), Lamm, Hirsch, Forelle und Saibling. Kurzweilig ist das Geschmackspotpourri namens Tyrolean Tapas, stimmungsvoll ein Dinner im Gastgartenpavillon (2023 vorübergehend geschlossen).

Zum Schwan, Swarovskistraße 2, A-6112 Wattens, Tel. 05224 5 21 21, www.gasthof-schwan.at

HERRNHAUS

Auch im Zentrum des altehrwürdigen Bergwerksortes Brixlegg huldigt man seit Jahrhunderten tirolerischer Wirtshauskultur. Das Herrnhaus war zur Blütezeit des Bergbaus Residenz der Hammerherren, der Eigentümer von Eisenschmieden. Heute führt in dem historischen Gemäuer Christian Moigg gemeinsam mit Frau und Sohn das Zepter. In dem architektonischen „Schmuckkastl“ mit gotischen Gewölben und nicht minder geschichtsträchtigen, behaglich getäfelten Stuben verwöhnen sie Gäste sowohl mit traditioneller, den Jahreszeiten angepasster Alpinkost als auch mit internationalen Gerichten. Ein Schwerpunkt: Wild aus dem eigenen Jagdrevier.

Herrnhaus, Herrnhausplatz 1, A-6230 Brixlegg, Tel. 05337 6 22 23, www.herrnhaus.at

GANNERHOF

Der Kernbau blickt auf 300 Jahre Geschichte zurück, doch in seiner heutigen Form entstand das Ensemble aus drei wunderschönen, originalgetreu wirkenden Bauernhöfen 1981. Gestern und Heute vereinen sich auch innen: traditionell mit viel Holz und angereichert mit moderner Kunst aus Familienhand. Gegenwärtiges findet sich auch auf dem Teller – wobei Chef de Cuisine Josef Mühlmann gehörige Kreativität an den Tag legt. Wie wär's mit feiner Entenleberpraline, von Rote-Rüben-Pulver umhüllt, zum Entree? Dazu eingelegte Walnuss, Portweinzwetsche und Rosinenzopf? Und als Hauptgang ein rosa gebratener Hirschrücken in Brotkruste mit Topinamburpüree?

Gannerhof, Gasse 93, A-9932 Innervillgraten, Tel. 04843 52 40, www.gannerhof.at

GARMISCH-PARTENKIRCHEN
ÖSTERREICH
DEUTSCHLAND
Am Plansee
Plansee
Heiterwanger See
Griesen
Untergrainau
Grainau
Eibsee
Obergrainau
Hammersbach
Waxenstein
Höllentalklamm
Wengle
Lähn
Bichlbach
Lermoos
Ehrwald
Obermoos
Zugspitze
2962
Biberwier
Wetterstein
Mittersee
Blind-S.
Weißensee
Drachen-S.
Igel-S.
Griesspitzen 2743
Hochplattig 2768
KEMPTEN (Allgäu)
Kemptener Wald
Durach
Waltenhofen
Allgäu
Frauenzell
Maggmannshofen
Wäschers
Depsried
Lauben
Heising
Börwang
Kraftisried
Wildpoldsried
Winterstetten
Walzlings
Hinterbach
Leubas
Schweinlang
Friesenhofen
Leiterberg
Hochgreut
Oberthingau
Unterkürnach
Oberkürnach
Wiggensbach
Heiligkreuz
St. Lorenz
Residenz
Cambodunum
Leupolz
Betzigau
St. Remigius
Rohrdorf
Schwedenschanze
Ermengerst
Adelegg
Kreuzthal
Eschach
Betzenried
Görisried
Buchenberg
Leutenhofen
Hegge
Bodelsberg
Wildberg
Schwarzer Grat
Großholzleute
Bolsternang
Wengen
Rechtis
Sulzberg
Rottachsee
Kohlenberg
Mittelberg
Ober-schwarzenberg
Unter-
Oy-
Bachtel
Schneidbach
Kleinweiler
Sonneneck
Leutfritz
Hellengerst
Memhölz
Niedersonthofener See
Burgratz
Moosbach
Weitnau
Gerholz
Hauchenberg
Ettensberg
Ottacker
Riedis
Petersthal
Faistenoy
Gschwend
Sibratshofen
Rieggis
Niedersonthofen
Oberdorf
Martinszell
Wolfis
Großdorf
Acker
Oberelleg
Nesselwang
Grüntensee
Diepolz
Gopprechts
Eckarts
Rottach
Vorderburg
Börlas
Wilhams
Missen-
Knottenried
Gnadenberg
Gindels
Emmereis
Buchenberg
Wertach
Bichel
Geratsried
Wiederhofen
Akams
Stein im Allgäu
Bellen
Kalchenbach
Freidorf
Untermaiselstein
Kranzegg
Salmaser Höhe
Alpsee
Greggenhofen
Wagneritz
Rettenberg
Grünten
Ratholz
Bühl
Immenstadt im Allgäu
Rauhenzell
Thalkirchdorf
Blaichach
Agathazell
Naturpark
Seifriedsberg
Burgberg i. Allgäu
Berghofen
Gunzesried
Bihlerdorf
SONTHOFEN
Tiefenbach
Bad Hindelang
Oberjoch
Stuiben
DEUTSCHLAND
Hochgrat
Imberg
Vorderhindelang
Bad Oberdorf
Ofterschwang
Sigiswang
Nagelfluhkette
Altstädten
Hinang
Balderschwang
Untermühlegg
Bolsterlang
Fischen i. Allg.
Unterthalhofen
Oberthalhofen
Hinterstein
Wäldle
Riedberger Horn
Sonderdorf
Obermaiselstein
Langenwang
Schöllang
Reichenbach
Gr. Daumen
Ostrach
Rubi
Nebelhorn
Lochwiesen
Tiefenbach
Oberstdorf
Kornau
Kristallbad Oberstdorf
Seealpsee
Breitachklamm
Freiberg-See
Gottesacker Plateau
Schwende
Schwand
Hoher Ifen
Fellhorn
Riezlern
Faistenoy
Trettach
Spielmannsau
Hirschegg
Birgsau
Kanzelwand
Kleinwalsertal
Mittelberg
Einödsbach
Baad
Breitach
Widderstein
Mädelegabel
Hohes Licht
Hochkrumbach
Gehren
Biberkopf
Schröcken
Warth
Lechleiten
Körbersee
Tannberg
Schlößkopfe
Vorderbockbach
Kriegerhorn
Oberlech
Lech
Zug
Obere Wildgruben-Sp.
Zürs
Spuller-S.
Valluga
Trittk.
Kapall
Stuben
Klösterle
Langen
St. Anton am Arlberg
St. Jakob
St. Christoph am Arlberg
Arlbergtunnel 14 km
Skimuseum
Maßstab 1:300.000
Verwall
Jungholz
Langenschwand
Unterjoch
Kotbachfall
Kappel
Pfronten
Weißbach
Berg
Steinach
Breiten-B.
Aggenstein
Tannheimer Tal
Kappl
Zöblen
Schattwald
Innergschwend
Berg
Tannheim
Vilsalpsee
Vilstal
Haldensee
Grän
Nesselwängle
Rauth
Gaicht
Tannheimer Berge
Birkental
Hertingen
Wank
Weizern
Zell
Eisenberg
Hopferau
Hopfensee
Hopfen am See
Ehrwang
Forggensee
Buching
Brunnen
Bannwaldsee
Waltenhofen
Königl. Kristall-Therme
St. Coloman
Hafenegg
Weißensee
Füssen
Eschach
Oberkirchen
Moos
Horn
Schwangau
Hohenschwangau
Schloss Neuschwanstein
Alpsee
Säuling
Branderschrofen
Vils
Musau
Unterpinswang
Pinswang
Oberpinswang
Pflach
Lechaschau
Wängle
Mühl
Breitenwang
Am Plansee
Reutte
Höfen
Ehenbichl
Klause
Heiterwang
Heiterwanger See
Plansee
Weißenbach am Lech
Rieden
Lech
Forchach
Schwarzwassertal
Allgäuer Alpen
Wengle
Bichlbach
Berwang
Rinnen
Hochvogel
Stanzach
Namloser Tal
Knittelkar-Sp.
Brand
Vorderhornbach
Mitteregg
Hinterhornbach
Martinau
Kelmen
Fallerschein-alpe
Namlos
Urbeleskar-Sp.
Elmen
Häselgehr
Unterhäselgehr
Gr. Krottenk.
Großmähder
Elbigenalp
Grießau
Bschlaber Tal
Taschach
Nassereith
Gramaiser Tal
Obergiblen
Untergiblen
Boden
Pfafflar
Muttekopf
Heiterwand
Lechtaler Alpen
Obtarrenz
Strader See
Strad
Bach
Gramais
Holzgau
Stockach
Hägerau
Steeg
Kienberg
Madautal
Madau
Tarrenz
Maria Himmelf.
Imst
Tschirgant
Kaisers
Freispitze
Gunglgrün
Karrösten
Milser Tunnel
Mils bei Imst
Karres
Roppen
Schönwies
Starkenbach
Imsterberg
Arzl im Pitztal
Wald
Sauris
Hochasten
Oberleins
Falterschein
Wenns
Unterleins
Parseier-Sp.
Larchach
Zams
Zamserberg
Vorder-S.
Pettneu
Schnann
Flirsch
Pardöll
Stanzer Tal
Grins
Stanz bei Landeck
Perjen
Venet
Jerzens
Wildgrat
Landeck
Strengen
Plans
Sanna
Piller
Stein
Graslehn
Hoher Riffler
Rosanna
Brunnen
Tobadill
Fließ
Alter Zoll
Ritzenried
Trisannabrücke
Hochgallmigg
Straßberger Alm
Wiese
Zaunhof
Giggl
Fassern
Frödenegg
Kaunerberg
Schaller
See
Langesthei
Entbruck
Faggen
Obwals
Grimstein
Plazör-A.
Perpat
Kappl
Holdernach
Ladis
Prutz
Kauns
1
2
3
4
5

WILDE WASSER, WILDE ZACKEN

In Tirols äußerstem Nordwesten bildet mit dem Lech einer der letzten Wildflüsse Europas die Lebensader. Zu Füßen der zackigen Grate von Lechtaler und Allgäuer Alpen finden Aktivurlauber sommers wie winters ein reiches Betätigungsfeld und Familien beschauliche Ferienidyllen.

ST. ANTON AM ARLBERG

Die an der östlichen Zufahrt zum seit dem Mittelalter mal mehr, mal weniger beliebten Arlbergpass in 1300 m Seehöhe gelegene Gemeinde (2400 Einw.) gilt als die Wiege des alpinen Skilaufs. 1897 wurde hier ein erstes Hotel eröffnet. Heute ist sie als Teil von Ski Arlberg, Österreichs größtem Skigebiet, und auch als Austragungsort der Alpinen Ski-Weltmeisterschaft 2001 international als exklusives Wintersportziel bekannt. Entsprechend perfekt präsentiert sich die touristische Infrastruktur, auch für Sommerurlauber.

Südlich von St. Anton bringt die Rendlbergbahn auf über 2000 Meter Aussichtshöhe.

SEHENSWERT

Das **Zentrum** St. Antons ist dank dem 1978 eröffneten Straßentunnel eine verkehrsbefreite Fußgängerzone. In ihr lässt es sich angenehm bummeln und ausgiebig shoppen. Von der Erschließung des Passes und der Entwicklung des Skitourismus, aber auch von Alltag, Arbeitswelt und Kultur der Bergbewohner erzählt das in einer schönen, 1912 erbauten Villa eingerichtete **Museum St. Anton** (Rudi-Matt-Weg 10, www.museum-stanton.com; Sommer Di.–So., Winter tgl. 12.00–18.00 Uhr).

Das Hospiz-Hotel im Ortsteil St. Christoph bietet neuerdings in einem unterirdischen Anbau, der **Kunsthalle arlberg1800**, nicht nur topografisch auf hohem Niveau Konzerte und Wechselausstellungen von Gegenwartskunst (www.arlberg1800resort.at; wg. Umbau bis Dez. 2024 geschl.).

ERLEBEN

Mehr als 30 **Seilbahn- und Liftanlagen**, darunter die Kapall-, Valluga-, Nasserein-, Schindlergratund die gläsern-futuristische Galzigbahn, erschließen die Hausberge Valluga und Rendl. Sie verbinden auch mit den ausgedehnten Ski- und Wandergebieten der anderen Orte des Skigebiets Arlberg, allen voran **Zürs** und **Lech**. Bereits unten im Dorf beginnt ein verzweigtes Netz an Berg- und Winterwanderwegen.

Entspannung in elegantem Ambiente verspricht mit Innen- und Außenbecken sowie reichhaltigem Spa-Angebot die **Wellnessoase Arlberg WellCom** (Hannes-Schneider-Weg 11, www.arlberg-wellcom.at; Mitte Juni–Mitte Okt. tgl. 8.00 bis 20.00, sonst tgl. 9.00–21.00 Uhr).

HOTEL

Im €€€€ **Hotel Post**, 1897 das erste Hotel am Ort, verbinden sich vom Ambiente bis hin zum kulinarischen und Freizeitangebot Tradition und Moderne auf höchstem Niveau (Walter-Schuler-Weg 2, Tel. 05446 2 21 30, www.hotel-post.co.at).

INFORMATION

Tourismusverband St. Anton,
Dorfstraße 8, A-6580 St. Anton am Arlberg,
Tel. 05446 2 26 90,
www.stantonamarlberg.com

Das Naturparkhaus Klimmbrücke bei Elben steht direkt über dem wilden Lech.

Mit 700-jähriger Tradition nahe der Arlbergpasshöhe: Hospiz St. Christoph

LECHTAL

Der Lech bildet – an seinem Oberlauf zwischen Allgäuer und Lechtaler Alpen Richtung Bayern mäandernd – eine der letzten Wildflusslandschaften des Kontinents. Seit 2004 sind viele kleine Areale gemeinschaftlich als Naturpark Tiroler Lech deklariert und geschützt. Das gut 50 km langes Tal bietet Wanderern und Bergsteigern ein weites Betätigungsfeld. An seinem Grund reihen sich etliche idyllische Ferienorte.

SEHENSWERT

Zentraler Anlaufpunkt ist in **Elben** das allein schon wegen seines Standorts auf einer Brücke interessante Naturparkhaus Klimmbrücke. Seit 2014 informiert hier die Dauerschau „Abenteuer Wildfluss" über Fauna und Flora der Region. Man erhält touristische Auskünfte, Kinder erfreut der Naturparkspielplatz, und es beginnen hier auch diverse Führungen (www.naturpark-tiroler-lech.at; Mai- Sept. tgl. 10.00–18.00 Uhr).

Eine besonders hohe Dichte an Häusern mit prächtiger, in Freskotechnik aufgetragener Lüftlmalerei weist im oberen Talabschnitt das Dorf **Holzgau** auf.

ERLEBEN
Ganzjährig begehbar und unter Weitwanderern sehr populär ist der **Lechweg**; er führt von der Flussquelle westlich des Arlbergs in 7–10 Tagesetappen 125 km weit bis nach Füssen im Allgäu (www.lechweg.com). Eine Alternative bietet der **Lechradweg** zwischen Reutte und Steeg (52 km, www.lechtalradweg.de).

Von wegen feines Schnitzmesser – beim Kurs in der Holzschnitzschule Geisler-Moroder

Einen Adrenalinkick versprechen bei Holzgau der **Erlebnisklettersteig Simmswasserfall** und der Gang über die Hängebrücke, die hier 200 m lang und 110 m hoch die spektakuläre **Höhenbachtalschlucht** überspannt (Mitte Mai–Mitte Okt.).
Elbigenalp (870 Einw.), der Geburtsort der als Roman- und Filmfigur berühmt gewordenen Geierwally (s. auch S. 77), ist eine Hochburg der Schnitzkunst; die Schnitz- und Bildhauerschule Geisler-Moroder (Dorf 63, www.schnitzschule.com) bietet hier u. a. Einsteiger- und Schnupperkurse an. Lokale Geschichten, theatralisch aufbereitet, führt im Juli und Aug. die **Geierwally-Freilichtbühne** in der nahen Bernhardstalschlucht am Ortsrand auf (www.geierwally.at).

RESTAURANT
Schlutzkrapfen, Spätzlepfanne, Jägernudeln: Im €€ **Gasthof Geierwally** kredenzt man in uriggemütlichem Ambiente regionale Spezialitäten; jeden Mo. gibt's beim „Schaukochen am offenen Herd" Erlebnisgastronomie (Elbigenalp Nr. 40, Tel. 05634 64 05, www.zur-geierwally.at; Mo., Di. und Do.–Sa. 17.00–23.00 Uhr).

INFORMATION
Lechtal Tourismus, Untergiblen 23,
A-6652 Elbigenalp, Tel. 05634 53 15,
www.lechtal.at

3 TANNHEIMER TAL

Bilderbuchdörfer mit weiten Wiesen und idyllischen Seen vor der Kulisse waldiger Hänge und schroffer Felsgipfel prägen dieses Hochtal, das sich im äußersten Nordwesten Tirols zwischen Allgäu und Lechtal auf 1100 m Seehöhe erstreckt und sechs gemütliche Feriendörfer umfasst.

SEHENSWERT
In Tannheim, dem Hauptort (1100 Einw.), verdient die schön ausgestattete barocke **Pfarrkirche St. Nikolaus** (1722) als zweitgrößte Dorfkirche Tirols nähere Betrachtung.

ERLEBEN
Das Prädikat „Österreichs schönste Wanderregion 2019" spiegelt die Qualität des Tales als entspannendes Familienurlaubsziel wider. Landschaftliche Höhepunkte sind der von Tannheim in einstündigem Spaziergang auf autofreiem Sträßchen erreichbare **Vilsalpsee** und, 30 Min. weiter, die **Vilsalpe** mit dem 400 m hohen Berggaicht-Wasserfall.
Eine aussichtsreiche Wandertour führt von Grän auf das **Füssener Jöchle** (www.lifte-graen.com). Zum frischen Bad lädt der **Haldensee**.
Die vom deutschen Allgäu umgebene Tiroler Enklave **Jungholz** (www.jungholz.de; nördl.), einst Anlaufpunkt für diskrete Bankgeschäfte, hat sich außer für Wander- und Wintersporturlaube als das Tiroler Alpenkräuterdorf mit einschlägigen Kursen und Exkursionen im Angebot profiliert.
Übers Jahr wird das Tannheimer Tal seinem Ruf als Sportlerparadies zu verschiedenen Terminen besonders gerecht. Beispielsweise gleich im Januar, bereits seit mehr als einem Vierteljahrhundert, für zwei Wochen beim großen **Ballonfestival** und im selben Monat für ein langes Wochenende beim **Skitrail**. Oder für Biker jeweils zur **Rennrad-Woche** zu Pfingsten und beim **Rad-Marathon** Anfang Juli.

HOTEL
Eine gediegene Adresse für Erholungsuchende ist – nicht zuletzt dank seinem umfangreichen Wellnessangebot und der feinen Kulinarik – das Hotel **€€€€ ... liebes Rot-Flüh** (Seestraße 26, Grän am Haldensee, Tel. 05675 64 31 0, www.rotflueh.com).

INFORMATION
Tourismusverband Tannheimer Tal,
Vilsalpseestraße 1, A-6675 Tannheim,
Tel. 05675 6 22 00,
www.tannheimertal.com

REUTTE

Die in einem weiten Becken des Lechtals gelegene Marktgemeinde (6800 Einw.) ist Handels- und Wirtschaftszentrum der Region Außerfern. Seit jeher ein Verkehrsknotenpunkt zwischen Füssen und Fernpass, Lech- und Tannheimer Tal, besitzt Reutte ein belebtes Zentrum mit schönem historischem Baubestand.

SEHENSWERT
Im Ortskern, der sich um den Straßenzug von **Unter- und Obermarkt** gruppiert, reihen sich stattliche, mit Lüftlmalerei verzierte Häuser, darunter das besonders kunstvoll freskierte Zeillerhaus (Untergsteig 1; 16. Jh. und um 1770) und das Grüne Haus (16. Jh.), das ein gut bestücktes **Heimatmuseum** beherbergt (Untermarkt 25, www.museum-reutte.at; Di.–Sa. 13.00–17.00 Uhr, jeden 1. Do. im Monat bis 19.00 Uhr).
Eine Begehung lohnt – 2 km südlich und per Schrägaufzug bequem erreichbar – das **Burgenensemble Ehrenberg** (Urspr. 13. Jh.; www.ehrenberg.at) mit einer spektakulären, mehr als 400 m langen Fußgängerhängebrücke zwischen der Hauptburg und Fort Claudia, Highline 179 genannt.

ERLEBEN
Aus der bunten Palette an lohnenden Ausflugszielen ragen der knapp 5 km lange Rundwanderweg an den **Stuibenfällen** (Start/Ziel am Parkplatz Metallwerk Plansee) und Reuttes Hausberg, der komfortabel per Seilbahn erklimmbare **Hahnenkamm** (1940 m), heraus. Auf Letzterem locken u. a. ein ausgedehnter Alpenblumengarten und, ideal für Familien, ein Barfuß-Wanderweg (www.reuttener-seilbahnen.at).
Für ein kühlendes Bad oder eine Bootspartie empfehlen sich **Frauen-** und **Plansee** sowie der **Heiterwanger See**, auf dem sogar zwei Ausflugsschiffe verkehren (www.fischeramsee.at; Mitte Mai–Mitte Okt.).
Eine Alternative bei schlechtem Wetter ist die **Alpentherme Ehrenberg** (www.alpentherme-ehrenberg.at; tgl. 10.00–21.00, im Sommer bis 20.00 Uhr).

INFORMATION
Tourismusverband Naturparkregion Reutte,
Untermarkt 34, A-6600 Reutte,
Tel. 05672 6 23 36, www.reutte.com

STIPPVISITE IM MITTELALTER

Kurz vor Reutte passiert die Fernpassstraße die Ehrenberger Klause. Die hier 1296 errichtete Burg präsentiert sich als Ruine, ebenso wie die sie flankierenden Festungsbauten. Jedoch erwarten den Besucher in der Klause eine Ausstellung über den Naturpark Lech und ein spaßiges Ritter-Erlebnismuseum. Und das gesamte, sorgsam instand gesetzte Ensemble der Burgenwelt Ehrenberg empfiehlt sich, per Schrägaufzug bequem erreichbar, als Familienausflugsziel.

Burgenwelt Ehrenberg
Klause 1, www.ehrenberg.at; Mai–Nov. tgl. 9.00–18.00, sonst bis 17.00 Uhr

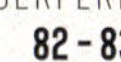

In Tirol bei Weissenbach ist der junge Lech noch ein selbstbestimmtes Wildwasser.

EHRWALD

Der namengebende Höhepunkt dieser vor allem für Sportler attraktiven Urlaubsregion erhebt sich zwar bekanntlich auf bayrischem Boden. Doch prägt die Zugspitze bereits seit hundert Jahren auch den Tourismus auf Tiroler Seite – in den malerischen Ferienorten zu Füßen des Mieminger und Wettersteingebirges. Der Talort Ehrwald (2700 Einw.), früher eine Erzbergbaustätte und wichtiger Holzproduzent, heute Hauptort der Region Zugspitzarena, gilt als gepflegter Luftkur- und Wintersportort.

SEHENSWERT

Geradezu ein Muss ist die Fahrt auf Deutschlands höchsten Gipfel (2962 m), die **Zugspitze** **TOPZIEL**. Mit Tirols ältester Seilbahn, der 1926 eröffneten Zugspitzbahn (bis 1991 erneuert), erreicht man ihn in knapp 10 Min. Oben warten traumhafte Aussicht, Panoramarestaurant und Erlebnismuseum zur Geschichte des Berges (www.zugspitze.at; tgl. 8.30–16.30 Uhr).

ERLEBEN

Ob Wanderwege, Klettersteige und Bikerrouten, Rodelbahnen, Loipen und Skipisten – sämtliche Orte im und rund um das Ehrwalder Becken bieten, was das Urlauberherz begehrt.

Eindrücklich im Gedächtnis bleiben **Sonnenaufgangs-** und **Vollmondfahrten** auf die Zugspitze, jeweils kombinierbar mit Frühstücksbuffet oder Fondue. Einen Prachtblick auf das Zugspitzmassiv hat man von der **Ehrwalder Alm**; lohnende Wanderziele sind ebendort **Drachen-** und **Seebensee**, weiters die **Loisachquellen** in Biberwier und der **Blindsee** am Fernpass.

In **Berwang** erwartet Bierfreunde Österreichs höchstgelegene Hausbrauerei (Rinnen 38, www.hotelthaneller.at; Brauereiführungen Mo. 11.00 und Fr. 17.00 Uhr).

HOTELS & RESTAURANTS

Exquisites Ambiente inmitten eines 28 ha großen Naturresorts mit zwei Seen genießt man im historischen **€€€€/€€€ Schlosshotel Fernsteinsee** (6465 Nassereith, Fernstein 475, Tel. 05265 5210, www.fernsteinsee.at). Wildspezialitäten aus eigenem Jagdrevier bilden den Schwerpunkt im gemütlichen **€€€/€€ Gasthof Rimmlstube** in Berwang (Rinnen, Tel. 05674 2 08 20, www.rimmlstube.at; auch nette Zimmer).

INFORMATION

Tiroler Zugspitz Arena, Schmiede 15, A-6632 Ehrwald, Tel. 05673 2 00 00, www.zugspitzarena.com

SCHNELLEN SCHRITTS DURCHS TAL

Trailrunning gilt unter Bewegungsaposteln als perfekte Ergänzung zum Wandern, Nordic Walken oder Straßenlaufen. Sie wollen den nächsten Schritt in Ihrer sportlichen Entwicklung machen? Bitte schön!

In der Stille und der sauerstoffreichen Luft rund um Tannheim herrschen auf 1100 Höhenmetern ideale Bedingungen für diese Form des Langstreckenlaufs, den man abseits von Asphalt, im freien Gelände praktiziert. Weshalb sich das Hochtal in jüngsten Jahren zu Tirols größter Trailrunning-Arena positioniert hat. 26 Routen hat man sorgsam markiert – in Summe 186 km – das größte Wegenetz im Land. Sie führen durch Prachtkulissen und sind, je nach Kondition, für Anfänger und/oder Fortgeschrittene (selbstverständlich auch Nordic Walkende) konzipiert.

Am Vilsalpsee

Höhepunkt im Jahreskalender ist der Seen-Lauf. Eingebettet in die Trail-Days, die jeweils gegen Ende Mai das ganze Tal für vier Tage in ein riesiges Sportrevier für einschlägig Begeisterte verwandeln, führt er in der Standardversion 22,7 km weit durch das Naturschutzgebiet am Vilsalpsee. Ergänzend stehen auch Routen mit 10 km, Kurzdistanzen für Kinder und Schüler sowie eine Maximalvariante mit 30 km auf dem Programm.

Auskünfte: Tourismusverband Tannheimer Tal, Tel. 05675 62 20 0, www.tannheimertal.com

Während der Trail-Days halten Experten ergänzend zahlreiche Workshops zu Themen wie analoge und digitale Orientierung, Training, Ernährung sowie Lauf- und Stocktechnik ab.

HÖHENRAUSCH OHNE ENDE

Ob Ötz- oder Pitz-, Kauner- oder Paznauntal – südlich des Inns schlägt zwischen Ischgl und Sölden, vor allem winters, das Herz des Tiroler Bergtourismus. Wo im späten 19. Jahrhundert die Erschließung der Alpen ihren Ausgang nahm, findet man auch abseits von Skischaukeln und Partytrubel nach wie vor stilles Ferienglück.

Galtürs Alpinarium widmet sich auch der Beziehung zwischen dem Ort und der Welt. Die Ausstellung „Ganz oben" handelt von Menschen, die in die Welt hinauszogen oder von dort aus Galtür für sich entdeckten

Bei der Imster Fasnacht laufen auch Hexen mit und die „Hexemusig", denn die Hexen wollen ja tanzen.

Seelenwärmende Geschichten, die vom Guten im Menschen erzählen, sind rar. Noch dazu solche, die ihre Wirkung über Generationen und rund um den Globus entfalten. Eine erzählt von Hermann Gmeiner, jenem Helden des Mitgefühls, der 1919 als sechstes von neun Bergbauernkindern im Bregenzerwald geboren und mit fünf Halbwaise wurde. Nach fünf Höllenjahren an der Front studierte erMedizin und begann sich alsbald mit dem Schicksal der vom Weltkrieg entwurzelten Kinder zu beschäftigen. Seine von christlicher Nächstenliebe durchdrungene Idee: Anstatt sie in herzlose Waisenheime zu stecken, möge man Häuser bauen, wo Ersatzmütter ihnen ein echtes Zuhause bescheren können.

1948 gründete Gmeiner den Verein Societas Socialis. Er investierte seine gesamten Ersparnisse in Flugblätter, mit denen er die Tiroler zu Spenden aufrief, und erhielt vom Bürgermeister der Stadt Imst gratis ein Grundstück. Am Weihnachtsabend 1950 bezogen fünf Waisenkinder das erste Haus. Bald wuchs die Gemeinschaft zu einem Dorf, dessen Bevölkerung aus mehreren Familieneinheiten, jeweils einer „Mutter" und mehreren „Geschwistern" bestand. Rasch wurden eine Mütterschule gegründet und die Aktivitäten auf ganz Österreich erweitert, ab den späten 1950ern auf Europa und bald auf sämtliche Kontinente. Eine Zeitschrift, der in Millionenauflage gedruckte „Kinderdorfbote", half Spenden zu sammeln. Als Gmeiner 1986 starb, gab es 233 SOS-Kinderdörfer in 85 Ländern. 71 Jahre nach Bezug des ersten Hauses in Imst existieren heute in 137 Ländern 572 Kinderdörfer, in denen mehr als 413 000 Kinder in stabilen Familienverhältnissen aufwachsen.

AN DIE HUNDERTMAL WURDE HERMANN GMEINER VERGEBLICH FÜR DEN FRIEDENSNOBELPREIS NOMINIERT.

Hochbarock zeigt sich die Kirche des Stiftes Stams (oben). Roller und Scheller, die Hauptfiguren der Imster Fasnacht, symbolisieren sanfte Weiblichkeit und herbe Männlichkeit (unten)

DAS TAL DER SUPERLATIVE

Ortswechsel ins nahe Ötztal. Es ist unter den südlichen Seitentälern des Inn das der Superlative: mit 65 Kilometern das längste; das mit den meisten Tal-

STAMSER MÖNCHSGEMEINSCHAFT: ALS ZISTERZIENSER AUCH ERBEN EINER 800-JÄHRIGEN TRADITION

Aus der romanischen Basilika des Stifts Stams wurde – auch dank der Stuckaturen des Wessobrunner Meisters Franz Xaver Feuchtmayr – ein spätbarockes Prunkstück.

Der Stuibenfall ist nicht nur Ausflugsziel für Familien, sondern auch ein Angebot an Klettersportler, die hier unterschiedlichste Schwierigkeitsgrade ausprobieren können.

Der Pitztaler Rifflsee ist Österreichs höchstgelegener Bergsee; die Rifflseebahn bringt Bergwanderer auf 2300 Meter (oben). Nahe dem Stuibenfall steigen nahezu täglich Greifvögel zu Flugvorführungen in den Ötztaler Berghimmel (rechts).

Von einer Hängebrücke aus ist der beste Blick auf den Ötztaler Stuibenfall zu genießen.

Mekka für Aktivsportler und Homebase für Mutausbrüche: die Ötztaler Area 47

stufen, nämlich fünf, mit den meisten Gästeübernachtungen, mit Österreichs höchstem Kirchdorf (Obergurgl auf 1900 Metern), der stärksten Vergletscherung (in den Ötztaler Alpen) – und zugleich mit einem überraschend sanften Mikroklima. An seinem Ausgang in Sautens und Oetz gedeihen vereinzelt Wein und Edelkastanien. Außerdem nahm der rotweißrote Alpintourismus im Ötztal seinen Anfang. Es war Franz Senn, ein Priester aus Längenfeld, der in den 1860er-Jahren als Erster Wege und Steige anlegen, Schutzhütten errichten und Richtlinien für das Bergführerwesen ausarbeiten ließ, um die Not der Bauern zu lindern. Als Mitgründer des Deutschen Alpenvereins war der „Gletscherpfarrer" visionärer Pionier nachhaltiger Regionalentwicklung.

Auf sehr konträre Art verdankt das Ötztal einem anderen Einheimischen enorme Bekanntheit. Der lebte freilich gut 5000 Jahre vor Senn und gelangte erst in gefriergetrocknetem Zustand zu Prominenz. Die Rede ist – erraten – von „Ötzi". Die Gletschermumie aus der Kupfersteinzeit wurde im Frühherbst 1991 von deutschen Bergwanderern entdeckt und sorgte über Jahre für Schlagzeilen. Schließlich liegt das Tisenjoch, die eisige Fundstelle auf 3200 Meter Höhe, im unklaren Grenzgebiet zwischen Nord- und Südtirol. Vor allem jedoch erwies sich der Leichnam, 1,54 Meter groß und 13 Kilogramm schwer, als vollständig und nahezu unversehrt. Seine Untersuchung lieferte denn auch unzählige Erkenntnisse über das Leben der Steinzeitmenschen in Europa. Dass er tätowiert war, eine auffällige Zahnlücke hatte, an Karies, Gallensteinen sowie Arteriosklerose litt und durch einen Pfeilschuss starb, zählte dabei bloß zu den sekundären. Der originale Ötzi findet sich heute im Südtiroler Archäologiemuseum von Bozen in einer Kühlzelle ausgestellt, die das Gletscherinnere simuliert. Seine Lebenswelt jedoch hat man in gleich zwei Freilichtmuseen publikumswirksam rekonstruiert: im Ötzi-Dorf in Umhausen und im ArcheoParc im Südtiroler Schnals.

LICHT UND SCHATTEN IM ALPINTOURISMUS

Zurück in die Ötztaler Gegenwart: Hier lässt sich exemplarisch die ganze Widersprüchlichkeit im Umgang mit der Bergwelt ablesen. Orte wie Niederthai, Gries und Vent etwa präsentieren sich als idyllische Wander- und Bergsteigerdörfer, in denen vor allem das ursprüngliche Alpinerlebnis zählt. Sölden am hinteren Talende hingegen setzt auf Kommerz. Als Hochburg des Wintersports bietet es, vergleichbar mit Ischgl im weiter westlich gelegenen Paznauntal, vorrangig Halligalli-Tourismus mit Hüttengaudi, Nightlife-Meile und retortenhaften Hotelburgen.

Sogar mit einer James-Bond-Erlebniswelt wird 3000 Meter über dem Meer aufgewartet – schließlich wurden dort droben einige der spektakulärsten Szenen des Kultstreifens „Spectre" gedreht. Womit freilich weder die meist perfekten Pistenverhältnisse, die auf den „Big3", den Dreitausender-Skibergen, vom Spätherbst bis weit in den Frühling hinein herrschen, noch die grandiose Gipfelszenerie kleingeredet sein sollen, die sich bei der Fahrt auf das Timmelsjoch oder über die Ötztaler Gletscherstraße auftut.

Das Skigebiet Pitztaler Gletscher & Rifflsee ist Österreichs höchstgelegenes. Nirgendwo in Tirol sind die Schneeverhältnisse so perfekt wie hier auf bis zu 3440 Metern.

Hoch über Sölden auf dem Gaislachkogl

Ähnliche Kontraste prägen auch das benachbarte Pitztal. Während dessen Bevölkerung, gerade noch 1300 Seelen, ebenso schrumpft wie die Gästezahlen, plant man am Ende des engen Tales rund um die 3774 Meter hohe Wildspitze, Tirols höchsten Berg, munter den millionenschweren Ausbau der touristischen Infrastruktur. Und dies, obwohl ein Tal weiter, auf dem nur unwesentlich niedrigeren Kaunertaler Gletscher, der Skibetrieb im Sommer klimawandelbedingt schon seit etlichen Jahren nicht mehr möglich ist. Die Frage, wie sich der Wintertourismus im Spannungsfeld zwischen tendenziell nachlassenden Besucherströmen, steigenden Investitionen infolge der Erderwärmung und wachsendem Umweltbewusstsein entwickeln soll, wird künftig immer schwieriger zu beantworten sein.

130 MILLIONEN EURO WILL DAS PITZTAL IN NEUE SEILBAHNEN UND EINEN SKITUNNEL HINÜBER NACH SÖLDEN INVESTIEREN.

DAS WESEN DER „TARROLA“

„Der Inn entspringt im Engadin und fließt durch eine steile Felsenwand, die Finstermünz genannt ...“ Eng und tief ist das Tal in der Tat, durch das sich der junge Inn seinen Weg bahnt. Wo er ein „Eck“ macht und Rosanna und Trisanna ihn mit den Wässern des Arlberg- und Silvrettagebiets speisen, liegt der Hauptort des oberen Inntals: Landeck, Kreuzung zweier uralter zentraleuropäischer Verkehrsachsen, bewacht von einer mächtigen Burg. In deren 800-jährigem Gemäuer, heute ausgezeichnetes Heimatmuseum, lässt sich trefflich über das Wesen der Region und ihrer Bewohner sinnieren. Im Westen das „Oberland“ und im Osten, von Zirl bis an die bayerische Grenze bei Kufstein, das „Unterland“ – das sind die beiden Großlandschaften von „Tarrol“, wie die Einheimischen die „Huamet“ (Heimat) in ihrem unverkennbar kernig-kehligen Idiom nennen.

Es ist ein Gegensatz beinahe wie zwischen Nord und Süd. Das Oberland ist ernster, herber, die Vegetation karger. Seine Berge rücken bedrohlich nahe an den Talboden heran, sind schroffer, vergleichs-

Hoch oben auf 3050 Meter Höhe ist die James-Bond-Erlebnisausstellung eine Attraktion nicht nur für die Wintersportler: „007 Elements" auf dem Gaislachkogl direkt hinter dem Restaurant „Ice Q" (links). Ötztaler Wintersporthochburg Hochgurgl (unten)

Im Sommer dient der Top Mountain Crosspoint am Timmelsjoch als Mautstation der Passstraße; im Winter kommen die Sportler mit der Seilbahn herauf (links und oben).

Die Kaunertaler Gletscherstraße gilt als „schönste Sackgasse der Alpen".

Die Silvretta Bikearena bei Ischgl schickt Mountainbiker auf 754 ausgeschilderte und sorglose Tourenkilometer.

weise spärlich bewaldet. Auch die Hausform ist verschieden. Das Unterländer Haus, aus Holz auf steinerner Basis erbaut, ist breit, behäbig; Balkon und Söller quellen von Blumen über. Das Pendant im Oberland ist zur Gänze gemauert, nur der Giebel mit kunstvoller Schnitzarbeit versehen – manchmal verhangen mit Maiskolben, die dort dörren.

Die Landschaft, das rauere Klima, die harte Bauernarbeit an steilen Hängen, sie formen wohl auch den Menschen. Der wirkt, man verzeihe die Pauschalisierung, bedächtiger, nach innen gekehrter. Damit verbunden ist ein ausgeprägtes Traditionsbewusstsein. Dies zeigt sich nicht zuletzt daran, wie inbrünstig man im Oberinntal die alten Bräuche rund um die Fasnacht pflegt.

WILDES TREIBEN

Ob das Schelmenlaufen in Imst, das Schellerlaufen in Nassereith oder das Schleicherlaufen in Telfs – all diese Veranstaltungen finden jeweils nur alle paar Jahre statt und sind keineswegs für Touristen inszenierte Events. Im Gegenteil: An ihnen nimmt nach vielmonatigen aufwendigen Vorbereitungen stets die gesamte Gemeinde lebhaften Anteil. Wer das Glück hat, das wilde Treiben als Schaulustiger am Straßenrand stehend zu verfolgen, spürt schnell, dass hinter der unbändigen Ausgelassenheit, der bunten, folkloristischen Fassade mehr steckt: Reste archaischer Vorstellungen vom ewigen Kampf zwischen Gut und Böse, Licht und Finsternis, die den Ahnen aller Alpenbewohner stets besonders vertraut waren.

SCHNAPS IST NICHT SCHNAPS

Die Bauern des Paznaun destillieren aus der Wurzel des wild wachsenden Enzian seit jeher einen würzig herben Edeltropfen.

„Mein Paradies", nannte Ernest Hemingway, der in den 1920ern mehrere Winter im benachbarten Montafon verbrachte, das Paznaun, das er als begeisterter Skitourengeher häufig beging. Eine lokale Spezialität, die der einem guten Schluck bekanntlich nie abgeneigte Literaturnobelpreisträger hier mit Sicherheit genoss, ist der „Enzner".

Rund um das einst bitterarme Hauptdorf Galtür ist der rote oder gepunktete Enzian neben Vogelbeeren das einzige Gewächs, aus dem sich Hochprozentiges gewinnen lässt. Also gehen die Bauern – heute wie einst – nach der letzten Heuernte „in die Wurzn". Soll heißen, sie rücken mit Stock und Spitzhacke bewehrt in die Berge zum Stechen aus. Die genauen Reviere werden zuvor per Los zugeteilt. 1300 Kilogramm der Radix Genziane, die als typische Höhenpflanze in steinigen Lagen zwischen 1500 und 2500 Metern gedeiht, dürfen jährlich in Summe „geerntet" werden. Ein Zentner ergibt rund die doppelte Menge Maische und, nach zweifachem Brennvorgang, etwa sieben Liter des 42-prozentigen Schnapses. Für den Liter echten Galtürer „Enzner" lassen sich bis zu 200 Euro erzielen. Freilich gelangt er so gut wie nie in den Verkauf. Vielmehr hüten ihn die Einheimischen wie einen Schatz und genießen nur zu besonderen Anlässen ein Stamperl davon.

Die Kaunertaler Gletscherstraße führt zu zahlreichen Punkten mit auch ungestörter Panoramaaussicht.

Die Mauern von Schloss Landeck bergen 800 Jahre Landesgeschichte.

Hoch über Appl beherbergt die Alpe Dias sommers eine Ausstellung zum Almleben im Paznaun.

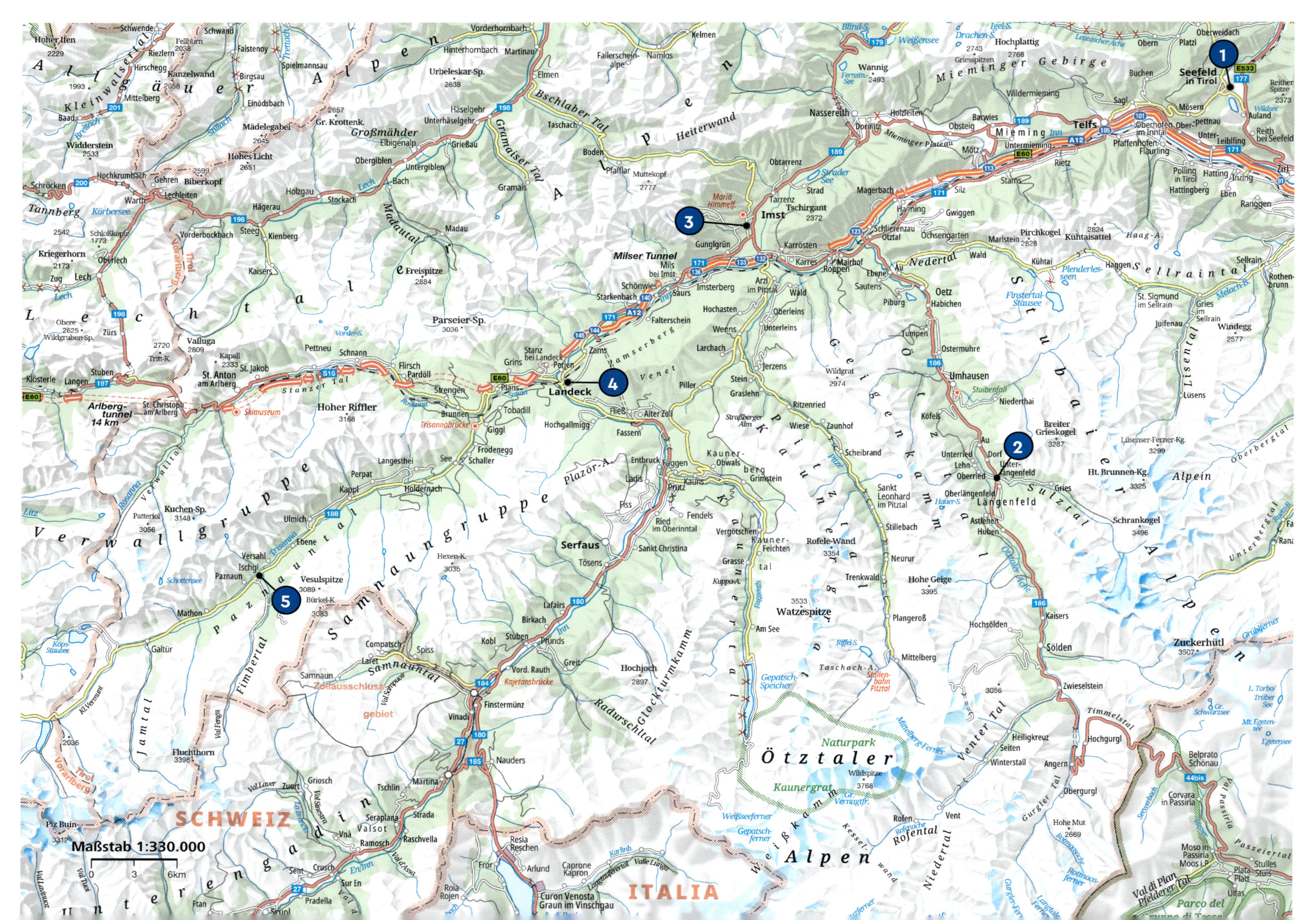

1
2
3
4
5
Seefeld in Tirol
Telfs
Imst
Landeck
Serfaus
St. Anton am Arlberg
Sölden
Umhausen
Längenfeld
Oetz
Nauders
Pfunds
Ischgl
Galtür
Kappl
Pettneu
Lech
Zürs
Stuben
Stubaier Alpen
Ötztaler Alpen
Lechtaler Alpen
Allgäuer Alpen
Mieminger Gebirge
Verwallgruppe
Samnaungruppe
Geigenkamm
Kaunergrat
Naturpark
Arlberg-tunnel 14 km
Milser Tunnel
Hoher Riffler 3168
Wildspitze 3768
Zuckerhütl 3507
Watzespitze 3533
Parseier-Sp. 3036
Tirol
Vorarlberg
SCHWEIZ
ITALIA
Maßstab 1:330.000
0 3 6km

IN HÖCHSTE HÖH'N

Ob in aller Ruhe wandern, klettern, Skitouren gehen oder bei Pistengaudi und Party: Jene Seitentäler, die vom Oberen Inn in die spektakuläre Welt der 3000er-Gipfel führen, bieten rund ums Jahr für jeden Geschmack das rechte Ferienerlebnis. Dazu warten zwischen Stams, Imst und Landeck jede Menge kulturelle Attraktionen.

SEEFELD

Der Luftkurort (3400 Einw.) gilt als Eldorado für Wintersportler. Schließlich war er Austragungsstätte der Olympiaden 1964 und 1976 sowie zweier Nordischer Skiweltmeisterschaften (1985 und 2019). Eine Vielzahl – mehrheitlich luxuriöser – Hotels machen das gesamte Seefelder Plateau, das auch Leutasch, Mösern-Buchen, Reith und Scharnitz umfasst, zu einer der Touristenhochburgen Tirols.

Stift Stams: Der Festsaal Bernardisaal ist nach dem hl. Bernhard von Clairvaux benannt.

SEHENSWERT

Seefeld profitierte bereits im Mittelalter von seiner Lage an der Route Innsbruck-Mittenwald. Und dank des Hostienwunders von 1384 avancierte es im späten 14. Jh. zum viel besuchten Wallfahrtsziel. Daran erinnern die kunstvollen Fresken in der gotischen **Pfarrkirche St. Oswald** (Urspr. 15. Jh.). Südwestlich des Ortes, der mit Kasino, Kurpark und der prächtigen Bergumgebung auch viele Sommergäste anlockt, erhebt sich auf einer Wiese Seefelds Wahrzeichen: der achteckige Barockbau des **Seekirchls** (bis 1666).

ERLEBEN

Vielfältig sind die **Sport- und Freizeitmöglichkeiten** u. a. mit 650 km markierter Wanderwege und 280 km Loipen. Zum touristischen Einzugsgebiet zählt auch der östlich angrenzende **Naturpark Karwendel**. Ein lohnendes Ausflugsziel ist nahe der Grenze zu Bayern die **Leutascher Geisterklamm** (www.leutaschklamm.at; Mai bis Okt. tgl.).

Unabdingbar ist für Kunstinteressierte ein Besuch des **Zisterzienserstifts Stams TOPZIEL**. Das 1273 gegründete Barockjuwel im Inntal (südw.) prägt als bedeutendste Klosteranlage Tirols seit jeher das religiöse und kulturelle Leben im Land entscheidend mit. Architektonischer Höhepunkt ist die Basilika Mariä Himmelfahrt; im Kern über 800 Jahre alt, beherbergt der im 17. und 18. Jh. barockisierte Prachtbau einzigartige Kunstschätze, darunter den Lebensbaum-Altar mit 84 mehrheitlich vergoldeten Schnitzfiguren, das Rosengitter, die Kanzel, Gewölbe- und Wandbilder. Bei den obligaten Führungen werden auch der Bernardisaal und, auf Wunsch, die Heiligblutkapelle gezeigt. Im Klosterladen sind u. a. Produkte der hauseigenen Schnapsbrennerei erhältlich (www.stiftstams.at; Führungen Juni–Sept. Mo. bis Sa. 9.00–11.00 und 13.00–16.00 Uhr, So., Fei. nur nachm.; Stiftsmuseum Mo.–Sa. 10.00–12.00 und 13.00–17.00 Uhr).

INFORMATION

Informationsbüro Seefeld,
Bahnhofsplatz 115, A-6100 Seefeld,
Tel. 05 08 80, www.seefeld.com

ÖTZTAL

Wellness, Wandern, Biken, Winter- und Wassersport – diesen Vergnügungen und vielen mehr kann man in dem 55 km langen Tal ausgiebig frönen, speziell in Sölden im Talschluss, einer Wiege des Tiroler Alpintourismus. Weithin bekannt ist es für seine herrliche Hochgebirgsnatur und vorzügliche touristische Infrastruktur, aber auch als Fundort der Gletschermumie „Ötzi".

Oben am Timmelsjoch wartet auch ein Motorradmuseum auf Besucher.

Nervenkitzel in 27 m Höhe garantiert: Hochseilgarten der Area 47

SEHENSWERT

Als Zentrum des vorderen, breiten und fruchtbaren Talabschnitts empfängt **Oetz** (2400 Einw.) mit einem ursprünglich erhaltenen **Ortskern** – jahrhundertealte Häuser mit Lüftlmalerei an den Fassaden, dazu die gotisch-barocke Pfarrkirche (Urspr. um 1500) – und dem **Turmmuseum** als modern gestaltetem Wegweiser in die Regionalgeschichte (Schulweg 2, www.turmmuseum.at; Anf. Juni–Okt. Mi.–So. 14.00–18.00, Dez.–Ostern Do.–So. 14.00–18.00 Uhr).

Im Ferienort Umhausen führt der archäologische **Freilichtpark Ötzidorf** anschaulich vor Augen, wie der Mensch vor 5000 Jahren in den Bergen (über-)lebte (www.oetzi-dorf.at; Mai–Okt. tgl. 9.30–17.30 Uhr). Benachbart sorgen der **Greifvogelpark** mit Flugvorführungen (www.greifvogelpark.at; Mai–Okt. tgl. 11.00–13.00 und 14.00 bis 16.00 Uhr) und der Wanderweg zum 159 m hohen **Stuibenfall** für Eindruck.

Längenfeld-Lehn lädt zum Besuch des **Ötztaler Heimat- und Freilichtmuseums** (www.oetztaler museen.at; Juni–Sept. Mo.–Fr. 10.00–17.00, So. 14.00–17.00, Mai und Okt. Di. und Do. 10.00 bis 16.00 Uhr).

ERLEBEN

Als **Ski- und Wandergebiet** seit Generationen weithin bekannt, hat sich das Ötztal neuerdings vor allem bei jüngerem Publikum einen Namen für **Erlebnissportarten** gemacht. Etliche Klettergärten locken in die Vertikale und die Ötztaler Ache als anspruchsvolles Raftingrevier in die Schlauchboote. Als Wintersportarena ragt aus dem Angebot mit Schneegarantie – in der Regel von Nov. bis Mai – das **Skigebiet Sölden** hervor. Herrliche Aussichten bieten die **Ötztaler Gletscherstraße** und die Fahrten von Oetz über Kühtai ins **Sellraintal** bzw. von Zwieselstein ins **Venter Tal** und über das 2509 m hohe **Timmelsjoch** ins Südtiroler Passeiertal (Juni–Okt. tgl. 7.00 bis 20.00 Uhr). Längenfeld punktet mit dem **Thermenresort Aqua Dome** (www.aqua-dome.at). Freunde spannenden Aktivsports zieht es in die **Area 47**. Im Angebot des „ultimativen Outdoor-Playground Europas" finden sich u. a. Motocross-Offroad-Halle, Kletterwand, Riesenschaukel, Hochseilgarten, Beach-Volleyball, Freeride-Mountain-

Rundumblick vom Hochzeiger, mehr als 2500 Meter über dem Pitztal

bike-Touren, Caving durch dunkle Stollen – in Summe 35 Aktivitäten in der Luft, zu Wasser oder zu Land. Herzstück der Erlebnis- und Abenteuerwelt ist die 20 000 m² große Water Area, die neben einem Badesee u. a. eine Highspeed-Rutsche und einen 27 m hohen Sprungturm umfasst. Wer es ruhiger angehen will, mäandert auf Spazierwegen durchs Grüne oder tankt im Restaurant oder im Wake Café Kalorien (Area 47, Ötztaler Achstraße 1, Ötztal-Bahnhof, Tel. 05266 8 76 76, www.area47.at; Ende April–Anf. Okt. Rezeption tgl. 8.00–18.00, Water Area tgl. 10.00–19.00 Uhr, in der Nebensaison kürzer).

INFORMATION

Ötztal Tourismus, Oberlängenfeld 75,
A-6444 Längenfeld, Tel. 05 72 00 00,
www.oetztal.at

Die Bezirkshauptstadt (10 000 Einw.), bereits 763 urkundlich erwähnt, ist dank ihrer strategisch günstigen Lage am Beginn der Fernpass-Straße ins Außerfern als Verkehrsknotenpunkt prädestiniert. Sie fungiert als Wirtschafts- und Shoppingmetropole des Oberlandes. Wenngleich auf den ersten Blick nicht eben schön, birgt sie bei näherem Hinschauen reizvolle Attraktionen.

SEHENSWERT

Wahrzeichen ist die **Pfarrkirche Mariä Himmelfahrt** aus dem späten 15. Jh., mit dem höchsten Kirchturm (84,5 m) Tirols. Auf einem Spaziergang durch die sehr lebendige, mit Kirchen, Kapellen und Bürgerhäusern gespickte **Unter- und Oberstadt** fällt die Vielzahl schöner Brunnen ins Auge. Der Stadtgeschichte ist das **Museum im Ballhaus** (Ballgasse 1, www.kultur-imst.at; Di., Do.–Sa. 14.00–18.00 Uhr) gewidmet; ein weiterer musealer Höhepunkt ist das **Haus der Fasnacht** (s. u.).

ERLEBEN

Imsts Umland offeriert eine Fülle an Möglichkeiten. **Wanderer** und **Mountainbiker** stürmen bevorzugt Muttekopf und Untermarkter Alm (www.muttekopf.at). Wildromantisches Ausflugsziel ist die **Rosengartenschlucht** nördlich der Johanneskirche (Mai–Okt. tgl.).

HOTEL & RESTAURANT

Bestens schlafen und schlemmen lässt es sich im familiengeführten Hotel **€€ Hirschen** im Herzen der Oberstadt (Thomas-Walch-Straße 3, Tel. 05412 69 01, www.hirschen-imst.com).

EINKAUFEN

Als Reisemitbringsel bekannt sind die gewebten und geklöppelten Tücher, Überzüge und Teppiche der **Weberei Schatz** in Karrösten (Dorfgasse 27, Tel. 05412 65 80 09).

UMGEBUNG

In **Tarrenz** im Gurgltal (nordöstl.) vermittelt die Starkenberger Bier-Erlebniswelt (www.starkenberger.at; Mai–Okt. tgl. 10.00–17.00, sonst Mo. bis Fr. 10.00–16.00 Uhr) auf 4000 m² Wissenswertes zur Braukunst und die Knappenwelt mit ihrem original nachgebauten Bergarbeiterdorf samt Stollen zu Alltag und Technik des Bleiabbaus im 16. Jh. (www.knappenwelt.at; Mai–Okt. Di.–So. 10.00–17.00 Uhr, wegen Personalmangels vorübergehend nur auf Anfrage).
Südlich führt das **Pitztal** 40 km tief in die Gebirgswelt der Ötztaler Alpen. **Arzl, Wenns, St. Leonhard** oder das für seinen Zirbenschnaps bekannte **Jerzens** bieten Ferienunterkünfte für jeden Geschmack. Mittels Liftanlagen erreichbare Wandergebiete sind **Hochzeiger**, **Rifflsee** und, vom Weiler Mittelberg aus, der **Pitztaler Gletscher**. Von Letzterem führt die **Wildspitzbahn** auf den Hinteren Brunnenkogel mit Österreichs höchstgelegenem Café auf 3440 m.

INFORMATION

Imst Tourismus, Johannesplatz 4,
A-6460 Imst, Tel. 05412 69 10, www.imst.at;
Tourismusverband Pitztal, Unterdorf 18,
A-6473 Wenns, Tel. 05414 8 69 99,
www.pitztal.com

Die an der Biegung des Inn gelegene Bezirkshauptstadt (7600 Einw.) war als Schnittpunkt der Ost-West- und Nord-Süd-Verbindung zwischen Italien und Deutschland schon zur Römerzeit ein Verkehrsknoten. Vor allem im 19. Jh. hat es sich zu einem schmucken Städtchen gemausert.

SEHENSWERT

Von der strategischen Bedeutung zeugt die auf hohem Fels thronende, mächtige **Burg Landeck** **TOPZIEL**. Um 1200 errichtet und später mehrfach verändert, war sie über Jahrhunderte Sitz des Bezirksgerichts. Heute beherbergt sie eines der besten Heimatmuseen Tirols, das sich auch kritisch mit der Geschichte des Oberlandes beschäftigt (Schlossweg 2, www.schlosslandeck.at; Ende April–Okt. tgl. 10.00–17.00, Mitte Dez. bis 6. Jan. 13.00–17.00 Uhr). Entlang der Malserstraße, zu Füßen der sehenswerten spätgotischen **Liebfrauenkirche** (15./16. Jh.; Schulhausplatz), und auch im Ortsteil Perfuchs zeugen Bürgerhäuser mit reichem Freskenschmuck von Wohlstand.

HOTEL & RESTAURANT

Der hoch über Landeck gelegene **€€ Tramserhof** empfiehlt sich als behagliches Urlaubsrefugium (Tramserweg 51, Tel. 05442 6 22 46, www.huber-hotels.at).
Die Alpenvereinshütte **€ Gepatschhaus** (Feichten 147, Tel. 0664 4 31 96 34, www.gepatschhaus.at) bietet als Einkehrgasthaus an der Kaunertaler Gletscherstraße herzhafte Kost und gemütliche Zimmer mit grandiosem Gipfelblick.

EINKAUFEN

Süße Mitbringsel sind die handgefertigten **Schokoladen „Tiroler Edle"** aus der Konditorei Haag (Maisengasse 19, www.tiroleredle.at).

UMGEBUNG

Wanderwege und Pisten, u. a. mit dreirädrigen TobiCarts und einer Ganzjahres-Bobbahn, bietet Landecks Hausberg **Venet** (2212 m; Talstation in Zams, www.venet.at). Die Schlucht **Zammer Lochputz** ist über einen Erlebnissteig begehbar (www.zammer-lochputz.at; Mitte Juni–Mitte Sept. tgl. 10.00–17.00 Uhr, ab Anf. Mai bzw. bis Ende Okt. nur Do.–So.). In **Fließ** führt das Archäologische Museum und das Dokumentationszentrum Via Claudia Augusta in Bronze-, Eisen- und Römerzeiten (www.museum.fliess.at; Mai–Okt. Di.–So. 14.00–17.00 Uhr).

RITUELLER WINTERABSCHIED

Ein Höhepunkt im Tiroler Folklorekalender ist das Imster Schemenlaufen. Es findet alle drei bis vier Jahre am vorletzten Faschingssonntag statt und wurde 2012 als erster Brauch Österreichs von der UNESCO zum „Immateriellen Kulturerbe der Menschheit" erklärt. Gelegenheit, dieses farbenprächtige Spektakel multimedial anhand von Kostümen, Larven, Filmen kennenzulernen, bietet das ganze Jahr über ein Besuch im preisgekrönten Haus der Fasnacht.

Haus der Fasnacht
Streleweg 6, Imst, www.fasnacht.at;
Fr. 16.00–19.00 Uhr und auf Anfrage

Einst ein wichtiger Innübergang auf dem Weg von Italien nach Norden: Altfinstermünz

Hinter Prutz beginnt das **Kaunertal** (www.kaunertal.com; südl.). Ab Feichten führt eine 26 km lange Mautstraße an den Fuß des Kaunertaler Gletschers. Von dort geht's per Sessellift auf über 3100 m zum Dreiländerpanorama auf dem Karlesjoch. Weiter innaufwärts steht in tiefer Schlucht die mittelalterliche Festung **Altfinstermünz** (Urspr. 13. Jh.); als Erlebnisburg bringt sie die Themen Zoll-, Fuhr- und Grenzwesen nahe (www.altfinstermuenz.com; Sommer Di.–So. 11.00–16.30 Uhr). Letzte Station vor der Staatsgrenze bzw. dem Reschenpass ist der hübsche Ferienort **Nauders**; Schloss Naudersberg, einst Gerichtssitz, ist als eine Art Heimatmuseum zugänglich (www.schloss-nauders.at; Mitte Juni–Mitte Sept. Mo., Di., Do. und Fr. 13.30–18.00, Mi. 10.00–11.30 Uhr).

INFORMATION
Ferienregion TirolWest, Malserstraße 47 a, A-6500 Landeck Tel. 05442 6 56 00, www.tirolwest.at;
Tourismusverband Tiroler Oberland, Kirchplatz 48, A-6531 Ried, Tel. 050 22 51 00, www.tirol-oberland.com

5 PAZNAUNTAL

Das schmale Tal ist im Sommer als Revier für herrliche Bergtouren, im Winter als vielseitiges Skigebiet bekannt. Am Talschluss führt eine der schönsten Panoramastraßen der Ostalpen hinüber ins Vorarlberger Montafon.

SEHENSWERT
Ischgl, der Hauptort (1600 Einw.) mit seiner Skischaukel ins schweizerische Samnaun, ist ein Hotspot des Wintersports. Beschaulicher präsentiert sich am Ende des Tales das Bergdorf **Galtür**. Hier erinnert das **Alpinarium** als Heimatmuseum an die Lawinenkatastrophe von 1999, erzählt aber auch modern und kurzweilig Geschichten über das Tal und seine Verbindungen zur Welt (Hauptstraße 29 c, www.alpinarium.at; Di.–So. 10.00 bis 18.00 Uhr). Dahinter schraubt sich mit 34 Kehren die mautpflichtige **Silvretta-Hochalpenstraße** bis auf 2032 m, zur Bielerhöhe (www.silvretta-bielerhoehe.at; meist Ende Mai–Okt.).

HOTEL
Als erste Adresse Galtürs vereint das Alpenresort **€€€€ Fluchthorn** Tradition mit Moderne (Platz 42, Tel. 05443 82 02, www.huber-hotels.at).

INFORMATION
Tourismusverband Paznaun-Ischgl, Dorfstraße 43, A-6561 Ischgl, Tel. 050 99 01 00, www.paznaun-ischlg.com

LUST AUF NATURNAHE FRUCHT

Begonnen haben Martin und Martina Mair in den späten 1980er-Jahren mit dem Anbau von Kirschen – und entwickelten daraus ihre große Passion. Inzwischen reift auf den sieben Hektar großen Anbauflächen des Familienunternehmens eine Vielzahl feiner Früchte, von Holunder, Quitten, Zwetschen (Pflaumen) und Marillen (Aprikosen) bis zu Brom-, Heidel-, Stachel- und Vogelbeeren. Diese werden in Eigenregie zu über hundert naturnahen Produkten verarbeitet, allen voran Marmelade und Sirup.

Die Rolle als hochgeschätzter Zulieferer des Tiroler Lebensmittelhandels ist eine Sache – eine andere die Einladung an natur- und umweltbewusste Feinschmecker, sich in Mair's Beerengarten in Rietz, dem Stammsitz der Firma, umzuschauen. „Unsere Kunden", freut sich Juniorchef Stefan Mair, „kommen uns auch gern besuchen und kaufen in unserem Hofladen ein." Dort finden sie ein reiches Spezialitätenangebot, das u. a. Früchtetees, Säfte, Beerenessig, Schaumweine, Liköre und Schnäpse umfasst, auf Wunsch in stilvollen Holzkistchen als Geschenk verpackt.

Für Interessierte öffnen die Mairs mit Vergnügen auch ihre Garten- und Kellertür, laden Gäste in der gemütlichen Brennereistube zum Tauchgang in die Welt des Destillierens ein (Verkostung inklusive) oder nehmen „grüne Daumen" auf eine Wanderung in die Beerengärten mit, samt Blick hinter die Kulissen des Anbaus.

Mair's Beerengarten, Bichl 2, A-6421 Rietz (östl. von Stams), Tel. 05262 6 53 17, www.mairs-beerengarten.at; Mo.–Fr. 8.00–12.00 und 13.30–18.00, Sa. 8.00–12.00 Uhr; Hofcafé Mai–Mitte Sept. Mo.–Sa.; Gartenführung und Besuch der Produktionsstätte nach Vereinbarung

Anzeige
KAUNERTAL
Meine Gletscherstraße
Tirols schönste Sackgasse.
Die Kaunertaler Gletscherstraße:
26 km // 29 Kehren // 1500 Höhenmeter
Erlebnistipp: Begehbare Gletscherspalte
kaunertaler-gletscher.at

Osttirol

EHER URWÜCHSIG UND STILL

Wer dieses Tirol sucht, wird hier an der Südseite der Hohen Tauern fündig. Wo man seit jeher sanften Tourismus lebt. Mit knorrigen Höfen in beschaulichen Bergdörfern, umgeben von ursprünglich wirkender Natur. Urbanen Charme hingegen mit einem Touch Italianità verströmt das Landeszentrum Lienz.

Auf der einen Seite das Virgental, auf der anderen das Defereggental: Nationalparkranger Jürgen führt seine Gruppe zu den eindrucksvollsten Ausblicken.

Blickfang im Kalser Tal ist das auf das Mittelalter zurückgehende Georgskirchlein nahe Großdorf.

Nein, gemächlich nähern kann man sich diesem Landesteil nicht. Wer vom Norden her über Kitzbühel anreist, wird am Ende der mehr als fünf Kilometer langen Finsternis des Felbertauerntunnels jählings hinausgeschleudert in eine herrlich wilde Anderswelt. Nicht behäbig breit und dicht besiedelt, wie kurz zuvor noch, zeigt sich die Landschaft nun. Hier, an der Südseite der Hohen Tauern, schneidet das Tal eng und tief ins Gebirge. Und ist menschenleer. Wenn man dann wenig später von der Schnellstraße abzweigt, Richtung Virgen und Prägraten vielleicht oder bei Matrei ins Defereggental, wähnt man sich in einer wohltuend altmodischen Modelleisenbahnkulisse. Steile Wiesen von kaum glaublichem Sattgrün säumen den Weg, überragt von majestätischen, aber keineswegs bedrohlich wirkenden Felsgipfeln. Die Dörfer, auf schmalen Sonnenterrassen hingeduckt, sind durch spitze Kirchtürme markiert. Um sie geschart haben sich Ensembles stolzer Erbhöfe, vor Jahrhunderten gezimmert und vom harschen Wetter bis ins hölzerne Mark gegerbt, deren Schnitzbalkone hinter Kaskaden bunter Geranien verschwinden.

WASSER IM ÜBERFLUSS

Osttirol wird von Hochgebirge dominiert. In einem Halbbogen erheben sich zwischen Lasörling- und Venedigergruppe im Westen und der Schobergruppe

Nahe ihrem Ursprung im Virgental ist die Isel ein wilder Gebirgsbach. Später, nunmehr nahe Lienz, ist sie zu einem reißenden Fluss geworden, ein Paradies fürs Rafting.

Seit jeher dient das Gschlößtal der Almwirtschaft. Die Almhütten in Innergschlöß sind allerdings längst Ferienwohnungen.

Im sogenannten Frauenbrünndl hinter der Almsiedlung Außergschlöß hat die Muttergottes der Legende nach Windeln gewaschen. Als Einkehrort wurde hier im 19. Jahrhundert lawinensicher die Felsenkapelle errichtet.

Simon von Taisten schuf die Fresken der Burgkapelle auf Schloss Bruck in Lienz.

Lienz' historisches Zentrum ist der mediterran anmutende Hauptplatz. Hier steht die Anfang des 17. Jahrhunderts errichtete Liebburg, heute Rathaus (oben).

Ein nüchterner, aber dennoch eindrucksvoller Wehrbau: Schloss Bruck in Lienz

Albin Egger-Lienz auf Schloss Bruck: Körper waren für den Künstler nur Formen und Flächen.

im äußersten Osten an die 300 Dreitausender. Mittendrin: der Großglockner. Mit seinen Schneefeldern und immer noch ausgedehnten Gletschern bildet dieser Gipfelkranz ein schier unversiegbares Wasserreservoir. Die Schmelzwässer sind es denn auch, die allerorten zu Tal tosen, rauschen, gischten und das Land in einige wenige, dafür lange Täler zerschneiden.

ZWEI TALSCHLÜSSE ALS TRAUMKULISSE

Das aquatische Highlight dieser hochalpinen Wunderwelt bilden im äußersten Westen des Virgentals die Umbalfälle. Dort entspringt in 2600 Meter Höhe dem Umbalkees, dem Gletscher unterhalb der Dreiherrnspitze, Osttirols Hauptfluss: die Isel. Am Beginn ihres Laufes durchfließt sie, über etliche Felsstufen stürzend, ein tiefes, enges Hochtal. Idealtypischer lässt sich der landschaftsformende Charakter eines Gletscherbachs mit seinem spezifischen Ökosystem nicht studieren. Das Naturschauspiel der jungen Isel möglichst vielen Menschen vor Augen zu führen, war denn auch ein Hauptmotiv des „Vereins zum Schutz der Erholungslandschaft Osttirol", als er – schon Mitte der 1970er-Jahre – den „Wasserschaupfad Umbalfälle" eröffnete. Auf fünfeinhalb Kilometern Länge und mit einem Höhenunterschied von über 600 Metern informiert er seither an 14 Stationen über geologische und botanische Besonderheiten.

Einen Superlativ bietet auch das nördlich angrenzende Gschlösstal. Sein wildromantisches Ende, das Innergschlöss, wurde – ein paar Jahre erst ist's her – im Rahmen einer Live-TV-Show des österreichischen Fernsehens vom Publikum zum „schönsten Platz Tirols" erkoren; ja, es findet sich nicht selten gar als „prächtigster Talschluss der Ostalpen" gepriesen. Wandert man den sanft ansteigenden Weg vom Matreier Tauern- zum Venedigerhaus und weiter hinauf bis zur Zunge des Großvenediger-Gletschers, wird man freilich nicht nur in die enthusiastische Schwärmerei ob der tatsächlich grandiosen Landschaftskulisse einstimmen. Man reflektiert unweigerlich auch über die bedrohte Zukunft der gleißenden Pracht: An die 5000 Gletscher gibt es im gesamten Alpengebiet, allein 700 in Tirol.

Seit 1850, als hierorts eine kühle Klimaphase zu Ende ging, haben sie im Schnitt rund die Hälfte ihres Volumens verloren. Derzeit beginnt der Dauerfrostboden bei einer Höhe von 2700 Metern. Vor hundert Jahren noch lag die Grenze gut 200 Meter tiefer. Bei anhaltender Entwicklung werden wohl um das Jahr 2100 österreichweit sämtliche Eisreserven geschmolzen sein, und man wird auch hier, unterwegs im Innergschlöss, auf Geröllhalden schauen statt auf glitzerndes Weiß.

VERBORGENE KUNSTJUWELE

Das „zehnte (österreichische) Bundesland", wie die Osttiroler ihre Heimat zuweilen mit kokettem Stolz nennen, mag aus Sicht der restlichen Welt oft im Windschatten der Wahrnehmung liegen. Große Künstler brachte es allemal hervor – erbauliche Relikte einer nicht immer einfachen Vergangenheit, oftmals zwischen den Fronten.

Schmied Alfons Steidl in Innervillgraten (rechts). Pustertaler Höhenstraße zwischen Lienz und Sillian (unten)

Zwei ragen aus der Schar der hiesigen Maler und Bildhauer, (Heimat-)Dichter und (Volks-)Musiker hervor. Da ist zum einen Albin Egger-Lienz, der wie wohl kein anderer den Eintritt der Tiroler Kunst ins Zeitalter der Moderne verkörpert. Sein spannender stilistischer Weg vom Historismus zum wuchtigen Expressionismus lässt sich anhand der reichen Bestände seiner Bilder im Lienzer Schloss Bruck nachverfolgen. Besonders tief ins Gedächtnis gräbt sich der Besuch an seinem Grab in der Totenkapelle der Kriegergedächtnisstätte. Die vier Wandbilder im Inneren des 1925 von Clemens Holzmeister auf dem Gelände der Lienzer Pfarrkirche St. Andrä errichteten Baues sind von so monumentaler wie zugleich zeitloser Wucht und weisen ihren Schöpfer als unbeugsamen Pazifisten aus.

Ebenfalls auf Schloss Bruck kann man dem Werk eines weiteren Großmeisters, nämlich Simons von Taisten, begegnen – und zwar in der Kapelle der

SCHLOSS BRUCK REPRÄSENTIERT – AUCH KÜNSTLERISCH – DIE UNZÄHLIGEN JAHRHUNDERTE OSTTIROLER GESCHICHTE.

Bilderbuchburg. Der aus dem Pustertal stammende spätgotische Maler hat den zweigeschossigen romanischen Raum in den 1490er-Jahren im Auftrag des Grafen Leonhard von Görz mit grandiosen Heiligenszenen geschmückt.

Auf eine nicht minder glänzende Perle der Spätgotik stößt man hoch droben im Virgental. Dort, genauer: im Dorf Obermauern, steht die Wallfahrtskirche Maria Schnee. An ihren Innenwänden hinterließ Taisten einen Freskenzyklus zum Leben und Sterben Jesu und Mariens, der in seiner Größe und Kunstfertigkeit, Ausdrucks- und Leuchtkraft weit und breit nicht seinesgleichen hat. Man muss – ja, wirklich: man muss (!) – diesem himmlischen Opus seine Aufwartung machen. Auch wenn es ein langer Weg in diese abgelegene Gegend ist. Oder aber man macht auf dem Rückweg von den Umbalfällen dort Station.

Gemeinsam wird die Zeit nicht so lang: Altbauern beim Austausch über die touristische Entwicklung – schließlich gilt Innervillgraten als das Bergsteigerdorf Tirols.

Auch das Villgratental ist eine seit jeher genutzte Sommerweide, heute oft Feriendomizil, wie die Oberstalleralm (oben). Hoch oberhalb des Hochpustertals bietet die Pustertaler Höhenstraße den Blick auf die Gailtaler Alpen (links).

Nationalparkranger Andreas geht bei den von ihm geführten Touren immer voraus.

Nationalpark Hohe Tauern

DIE ZUKUNFT DER ALPEN

Staudämme, Seilbahnen und Großhotels adieu: Mit der Schaffung des Nationalparks zeigten die Osttiroler gemeinsam mit ihren Kärntner und Salzburger Nachbarn, wie sich Naturschutz, die uralte bergbäuerliche Kultur und sanfter Tourismus wunderbar vereinbaren lassen.

Man stelle sich vor: ein makelloser Tag mit jener tiefen Bläue und jenem samtenen Licht, wie man sie nur im Herbst und nur im Gebirge erleben kann. Die Luft duftet nach Harz und Kräutern. Das Moos unter den Fußsohlen ist weich und kühl. Vor dem Hintergrund der smaragdgrünen Steilhänge leuchten vergilbende Lärchen, darüber die schon angezuckerten Gipfel der Dreitausender. Und am Talgrund mäandert ein kristallklarer Gletscherbach durch den Wiesenteppich. Die wenigen Wanderer haben sich auf den vielen Wegen verlaufen. Es ist still, so still, dass man das eigene Blut – oder ist's doch das Wasser? – rauschen hört. Nur das Gebimmel von Kuhglocken dringt hie und da leise ans Ohr, während hoch droben im grenzenlosen Himmel lautlos und stecknadelkopfgroß ein Greifvogel seine Kreise zieht.

MEINUNGSWECHSEL IM GEBIRG'

Unterwegs in solcher Traumkulisse, möchte man meinen, die majestätische Unberührtheit sei seit alters und für alle Zeiten garantiert. Doch man muss sich gedanklich bloß knapp zwei Generationen zurück in die Vergangenheit begeben. Damals, in der Blüte der Wiederaufbauzeit, herrschte selbst hier oben in den Talschlüssen der Hohen Tauern Alarmstufe rot. Denn die allermeisten Almen auf über 2000 Meter standen leer, und auch von den tiefer gelegenen war jede dritte verwaist. Zu beschwerlich war den Besitzern ihr Betrieb, und zu kostspielig die Tätigkeit der Sennerinnen geworden. Bauern und Bürgermeister kümmerten Arbeitsplätze und Nächtigungszahlen mehr als Umwelt, Zukunft und Tradition. Nach Liften, Bettenburgen und Großkraftwerken stand der Sinn.

Es brauchte den Anstoß durch eine supranationale Behörde wie den Europarat. Der führte – es geschah 1970 – erstmals ein „Europäisches

Aussichtsplattform im Virgental, unterhalb der Umbalfälle

Jede Tour im Nationalpark ist ein Erlebnis.

Auf dem „Wasserschaupfad Umbalfälle“

Naturschutzjahr“ durch. Und in Reaktion auf diese erste den Gesamtkontinent umfassende Kampagne, die heute als Initialzündung für die moderne Umweltschutzbewegung in Europa gilt, rafften sich Salzburg, Kärnten und Tirol zu einer konzertierten Aktion auf. Im Herbst 1971 unterzeichneten deren drei Landeshauptleute in Heiligenblut am Fuße des Großglockners schriftlich ihre Absicht, im Gebiet der Hohen Tauern einen Nationalpark zu schaffen.

EINIGKEIT ZUM WOHLE ALLER

Es folgte, wie bei solchen Vorhaben üblich, ein jahrelanger Paragrafenhickhack. Vor allem die Energiewirtschaftler, die die Bäche und Steilstufen für ihre Zwecke nutzen wollten, lagen sich mit den Naturschützern in den Haaren. 1983 endlich erklärten die Salzburger per Gesetz Flächen zwischen den Oberläufen von Salzach und Mur zum Nationalpark. 1984 schlossen sich die Kärntner und 1992 schließlich auch die Osttiroler mit ihren Territorien zwischen Schober-, Glockner-, Venediger- und Lasörlinggruppe an. Erklärte Absicht aller drei Bundesländer war, „diesen besonders eindrucksvollen und formenreichen Teil der österreichischen Alpen in seiner Schönheit und Ursprünglichkeit zu erhalten, die charakteristischen Tiere und Pflanzen zu bewahren und einem möglichst großen Kreis von Menschen ein eindrucksvolles Naturerlebnis zu ermöglichen.“

Ebenbürtig neben den Schutz der Naturlandschaft stellte man die „Erhaltung, Pflege und Gestaltung der naturnahen Kulturlandschaft“. So gliederte man das 1800 Quadratkilometer große Gebiet in drei Zonen mit unterschiedlichen Schutzkriterien: als Kernzone die grandiose Gipfelwelt des ewigen Eises, der Felswände und glasklaren Gletscherbäche; als Außenzone die Region der Almen und Wälder, Bergseen, Moore und Wasserfälle; und als Kulturzone die Dörfer in den Haupttälern.

TRIUMPH IM DORFERTAL

Das Nationalparkgesetz besiegelte das endgültige Aus für etliche Großprojekte: die Erweiterung der skitouristischen Infrastruktur, den industriellen Goldabbau und den Bau zusätzlicher Megakraftwerke. Bei Letzteren hatte insbesondere der Plan, das an der Osttiroler Seite des Großglockners gelegene Dorfertal für die Stromgewinnung zu nutzen, für Aufsehen und allseits rote Köpfe gesorgt. Im Zuge des Kraftwerkprojekts wäre nicht nur das herrliche Trogtal mitsamt der wildromantischen Dabaklamm an seinem Ende durch

Seit über 800 Jahren bietet das Matreier Tauernhaus Schutz und Stärkung am Felbertauern – geistlicher Beistand inklusive.

eine 220 Meter hohe Staumauer – die höchste ganz Österreichs – verriegelt und geflutet worden. In Summe sollten auch 17 Gletscherbäche in diesen Großspeicher geleitet und dadurch quasi trockengelegt werden.

Die Verhinderung dieses Megaprojekts der Elektrizitätswirtschaft ist maßgeblich den „Frauen von Kals“ zu verdanken, einer Gruppe ebenso engagierter wie hartnäckiger Bewohnerinnen aus dem nahen Glocknerdorf Kals, die mit Umweltaktivisten aus ganz Tirol 15 Jahre lang den Wirtschaftsbehörden und Betonköpfen der Politik beherzt Widerstand leisteten. Als sich 1987 bei einer Volksbefragung nahezu zwei Drittel der Kalser gegen das Kraftwerk aussprachen, war der Kampf gewonnen und die Unversehrtheit zahlreicher Naturidylle wie dem eingangs geschilderten langfristig gesichert. Ihr Triumph bedeutete – nach dem Aus für das Atomkraftwerk Zwentendorf und dem Baustopp für das Donaukraftwerk Hainburg – den dritten in Folge für die damals noch junge österreichische Ökobewegung. Und ein Signal, dass sich fortan auch die Osttiroler mit aller Konsequenz den heilsamen Prinzipien des Nationalparkgedankens kompromisslos verpflichtet fühlen.

WEITERE INFORMATIONEN

Der Nationalpark kann im Rahmen von Wanderungen, Berg-, Ski- oder Schneeschuhtouren jederzeit besucht werden. Geführte Wanderungen mit professionellen Rangern sind von Mitte Mai bis Ende Okt. bzw. Mitte Dez. bis Mitte März sowie in der Osterwoche möglich.
Nationalpark Hohe Tauern Tirol, Kirchplatz 2, A-9971 Matrei in Osttirol, Tel. 04875 516110,
www.nationalpark.osttirol.com

Die interaktive Ausstellung „Tauernblicke – Momente des Staunens“ im Nationalparkhaus Matrei eröffnet faszinierende Einblicke in die Lebensräume der Bergnatur; u. a. mit 360°-Videos in Virtual-Reality-Ferngläsern, Erlebnisdusche, Diorama, Installation „Flug mit dem Bartgeier“ (Juli, Aug. Mo.–Sa. 10.00–18.00, So. 14.00–18.00, Sept. Mo.–Fr. 10.00–18.00, Juni, Okt. Mo.–Fr. 10.00–12.00, 14.00–17.00, Mitte Dez.–Anf. April Mo.–Do. 14.00–17.00, Fr. 10.00–12.00 Uhr; Eintritt frei). Weitere Informationsstellen in Kals (mit Ausstellung „Im Banne des Großglockners“), St. Jakob in Defereggen („Erlebnis Zirbe“) und Virgen („Jenseits der Zeit“).

Kühe sind in der Almumgebung ständige Begleiter – hier vor dem Großvenediger.

»KOMMEN SIE ZU UNS, WIR HABEN NICHTS«: OSTTIROLER EINLADUNG IN EINE NOCH URSPRÜNGLICHE REGION.

Ganz oben an den Umbalfällen im Quellgebiet der Isel

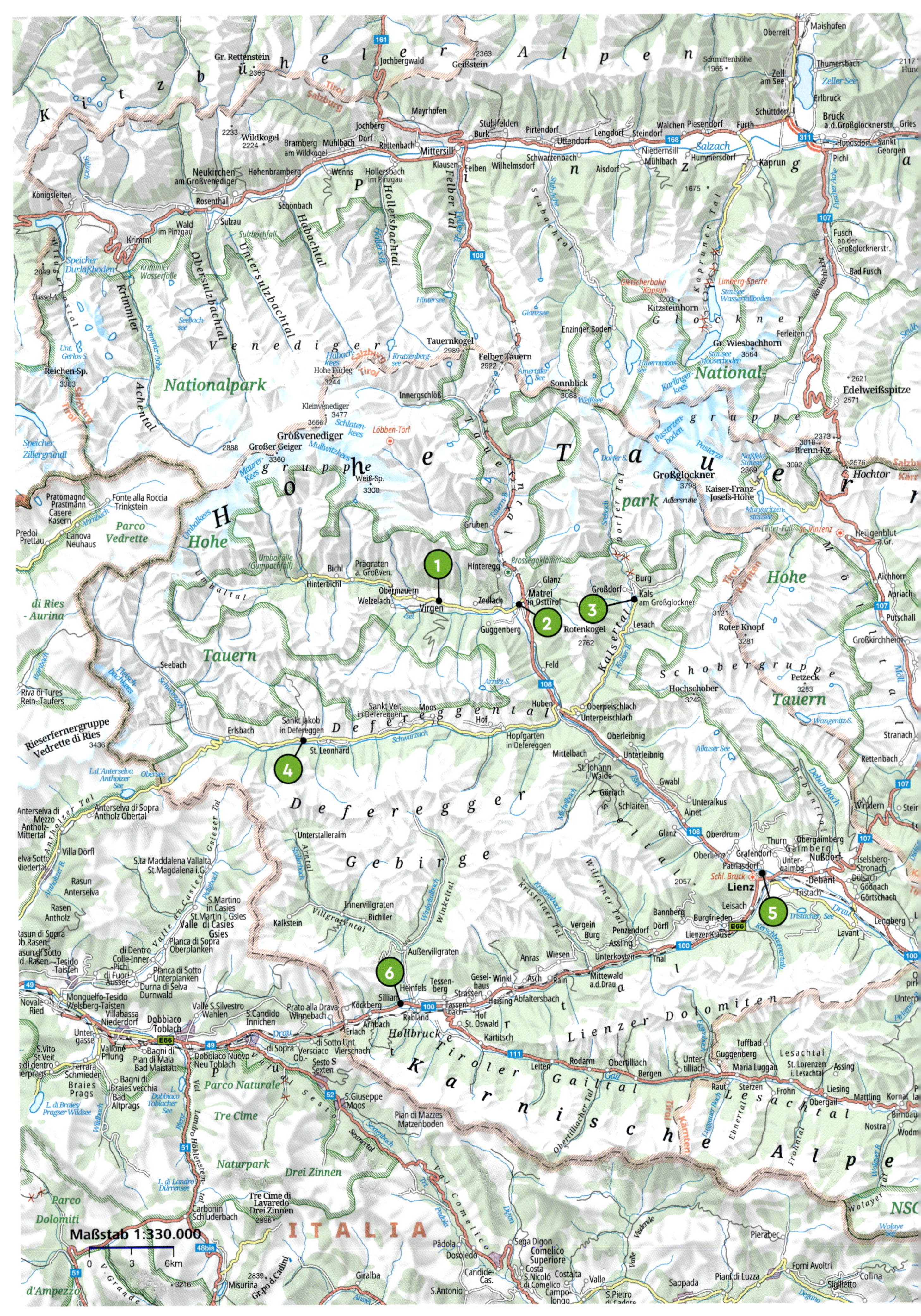

Kitzbüheler Alpen
Gr. Rettenstein
Jochbergwald
Geißstein
Mayrhofen
Stuhlfelden
Burk
Pirtendorf
Uttendorf
Lengdorf
Steindorf
Walchen
Piesendorf
Fürth
Zell am See
Zeller See
Thumersbach
Maishofen
Schüttdorf
Bruck a.d.Großglocknerstr.
Kaprun
Niedernsill
Mühlbach
Hummersdorf
Wildkogel
Bramberg am Wildkogel
Mühlbach
Rettenbach
Mittersill
Klausen
Felben
Wilhelmsdorf
Schwarzenbach
Aisdorf
Neukirchen am Großvenediger
Hohenbramberg
Wenns
Hollersbach im Pinzgau
Königsleiten
Rosenthal
Sulzau
Wald im Pinzgau
Krimml
Schönbach
Habachtal
Hollersbachtal
Felber Tal
Stubachtal
Obersulzbachtal
Untersulzbachtal
Krimmler Wasserfälle
Speicher Durlaßboden
Gletscherbahn Kaprun
Kitzsteinhorn
Limberg-Sperre
Glockner
Gr. Wiesbachhorn
Ferleiten
Fusch an der Großglocknerstr.
Bad Fusch
Venediger
Tauernkogel
Felber Tauern
Hohe Furleg
Innergschlöß
Enzinger Boden
Sonnblick
Reichen-Sp.
Nationalpark
National-
Edelweißspitze
Großvenediger
Großer Geiger
Kleinvenediger
Schlatenkees
Löbben-Törl
Gruppe
Hohe Tauern
Weiß-Sp.
Großglockner
Kaiser-Franz-Josefs-Höhe
Brenn-Kg.
Hochtor
park
Heiligenblut a.Gr.
Pratomagno
Prastmann
Casere
Kasern
Fonte alla Roccia
Trinkstein
Parco Vedrette
Predoi
Prettau
Canova
Neuhaus
Hohe
Umbaltal
Bichl
Prägraten a. Großven.
Hinterbichl
Obermauern
Welzelach
Virgen
Zedlach
Hinteregg
Prossegklamm
Glanz
Matrei in Osttirol
Großdorf
Kals am Großglockner
Burg
Lesach
Guggenberg
Rotenkogel
Kalsertal
Hohe
Aichhorn
Apriach
Putschall
Roter Knopf
Großkirchheim
di Ries - Aurina
Tauern
Seebach
Feld
Schobergruppe
Petzeck
Hochschober
Tauern
Riva di Tures
Rein-Taufers
Rieserfernergruppe Vedrette di Ries
Erlsbach
Sankt Jakob in Defereggen
Sankt Veit in Defereggen
Moos
Hof
Defereggental
Huben
Oberpeischlach
Unterpeischlach
St. Leonhard
Hopfgarten in Defereggen
Oberleibnig
Mittelbach
Unterleibnig
Stranach
Rettenbach
St. Johann i. Walde
Gwabl
Defereggen Gebirge
Unteralkus
Ainet
Schlaiten
Göriach
Winklern
Anterselva di Mezzo
Antholz-Mittertal
Anterselva di Sopra
Antholz Obertal
Unterstalleralm
Glanz
Oberdrum
Thurn
Obergaimberg
Gaimberg
Nußdorf
Iselsberg-Stronach
Dölsach
Göriach
Görtschach
Villa Dörfl
S.ta Maddalena Vallalta
St.Magdalena i.G.
Rasun
Anterselva
Rasen
Antholz
Oberlienz
Grafendorf
Patriasdorf
Schl. Bruck
Lienz
Debant
Tristach
Leisach
Burgfrieden
Lienzer Klause
Lengberg
Lavant
Innervillgraten
Bichler
Kalkstein
Villgratental
Winkeltal
S.Martino in Casies
St.Martin i. Gsies
Valle di Casies
Gsies
Planca di Sopra
Oberplanken
Vergein
Burg
Bannberg
Dörfl
Penzendorf
Assling
Anras
Wiesen
Unterkosten
Thal
Außervillgraten
Heinfels
Tessenberg
Gesel-haus
Winkl
Asch
Rain
Mittewald a.d.Drau
Sillian
Kockberg
Panzendorf
Strassen
Tassenbach
Heising
Abfaltersbach
Arnbach
Rabland
Hof
St. Oswald
Kartitsch
Lienzer Dolomiten
Monguelfo-Tesido
Welsberg-Taisten
Valle S.Silvestro
Wahlen
S.Candido
Innichen
Prato alla Drava
Winnebach
Villabassa
Niederdorf
Dobbiaco
Toblach
Erlach
Hollbruck
Tiroler
Karnische Alpen
Gailtal
Rodarm
Obertilliach
Bergen
Untertilliach
Tuffbad
Guggenberg
Maria Luggau
Lesachtal
St. Lorenzen i. Lesachtal
Assing
Liesing
Mattling
Kornat
Birnbaum
Nostra
Frohn
Obergail
Sterzen
Raut
Dobbiaco Nuovo
Neu Toblach
di Sotto Unt.
Vierschach
Versciaco
Sesto
Sexten
S.Giuseppe
Moos
Pian di Mazzes
Matzenboden
Parco Naturale
Tre Cime
Naturpark
Drei Zinnen
Tre Cime di Lavaredo
Drei Zinnen
Carbonin
Schluderbach
Parco Dolomiti
d'Ampezzo
ITALIA
Val Comelico
Sega Digon
Comelico Superiore
Pàdola
Dosoledo
Candide-Cas.
Costa
S.Nicolò di Comelico
Costalta
Campolongo
Valle
S.Pietro di Cadore
Sappada
Pian di Luzza
Forni Avoltri
Sigilletto
Collina
Pierabec
Misurina
Gr.po d.Cadini
Giralba
S.Antonio
Maßstab 1:330.000
0
3
6km
1
2
3
4
5
6

IM REICH DER ENTSCHLEUNIGUNG

Zu Füßen der Hohen Tauern, zwischen Isel und Drau, fühlt man sich in die Zeit vor dem Massentourismus zurückversetzt. Bodenständige Bauerndörfer, unversehrte Natur, menschenleere Wanderwege ohne Ende – ein Traum für Bergfexe und Freunde stürzender Gewässer, die statt Partytrubel Natur pur und Stille suchen.

1 VIRGEN

Die das Virgental umgebenden Berge, Venedigergruppe und Lasörlingkamm, sind Teil des Nationalparks Hohe Tauern und entsprechend naturbelassen. Virgen, der auf einer Sonnenterrasse auf 1200 m gelegene Hauptort (2200 Einw.), hat sich sein sympathisch rustikales Flair bis heute bewahrt und bietet Bergwanderern Natur pur.

Biblische Geschichte in Bildform: beispielhaft in Obermauerns Wallfahrtskirche Maria Schnee

SEHENSWERT

Ein kunstgeschichtliches Juwel ist Obermauerns gotische, innen wunderschön freskierte **Wallfahrtskirche Maria Schnee** (um 1455).

ERLEBEN

Als idealer Ausgangspunkt für die Besteigung des **Großvenedigers** (3666 m) gilt das Bergsteigerdorf Prägraten. Hier finden mit dem **Ortnerhof** auch Freunde des Reitsports, die von hier aus u. a. alpines Wanderreiten und Mehrtagestouren mit Hüttenübernachtungen unternehmen, ihr Dorado (www.reiten-tirol.com). In Hinterbichl sorgt der **Kletterpark Großvenediger** für Adrenalinschübe (www.grossvenediger-adventures.at; Ende Juni–Anf. Sept. tgl. 10.00–18.00, Vor- und Nachsaison Fr.–So. 12.00–17.00 Uhr). Am Talschluss gelangt man hinter Ströden auf halbstündigem Wanderweg zur **Islitzer Alm** und von dort über einen **Wasserschaupfad** (ca. 1 Std.) zu den spektakulären **Umbalfällen** **TOPZIEL**.

INFORMATION

Tourismusinformation,
St. Andrä 35, A-9974 Prägraten,
Tel. 050 212530, www.osttirol.com

2 MATREI IN OSTTIROL

Der Marktort (ab 13. Jh.) am südlichen Fuß des Felbertauern (4700 Einw.) bildet mit 278 km² die flächenmäßig zweitgrößte Gemeinde Tirols und ist Osttirols Herz des Nationalparks Hohe Tauern. Einst von Landwirtschaft und umliegendem Bergbau (bis 18. Jh.) bestimmt, ist er sommers wie winters als Zentrum für Alpinsport viel besucht.

SEHENSWERT

Mehr als drei Dutzend historische Baudenkmäler, darunter Kirchen, Kapellen und Bildstöcke, prägen das Ortsbild von Matrei. Buchstäblich herausragend: die frühklassizistische **Pfarrkirche St. Alban**, mit ihrem 86 m hohen Turm größte Landkirche Tirols. Nebenan informiert das **Nationalparkhaus Matrei** multimedial über Natur und Kultur in den Hohen Tauern (www.hohetauern.at; Kernzeit Mo.–Fr. 10.00–12.00, 14.00–18.00 Uhr, Juli, Aug. auch Sa., So.). Ein Kleinod ist in Bichl (2,5 km südw.) die **St.-Nikolaus-Kirche** aus dem 12. Jh. mit romanischen Freskenresten.

Umgeben von wettergegerbten Bauernhäusern: Maria Schnee in Obermauern

Almwirtschaft ist auch heutzutage noch weitgehend Handarbeit.

HOTELS & RESTAURANTS

Bereits vor über 800 Jahren bot das €€ **Matreier Tauernhaus** auf gut 1500 m Schutz und Stärkung bei der Überquerung des Felbertauern. Zimmer und Gaststuben sind nach wie vor urgemütlich, die Spezialitätenküche ein Gaumenfest (Tauer 22, Tel. 04875 8811, www.matreier-tauernhaus.com). Gourmetküche serviert man in der €€€ **Rauter Stube** im gleichnamigen Hotel (Rauterplatz 3, Tel. 04875 6611, www.hotel-rauter.at; Nebensaison Di. bzw. Mi., Juni und Nov. geschl.). Originell und lecker ist, was das Kräuterwirtshaus €€ **Strumerhof** 8 km westl. von Matrei an steilem Berghang kredenzt (Abzweiger Zedlach, Hinteregg 1, Tel. 04875 6310, www.strumerhof.at).

UMGEBUNG

Wunderschön sind Wanderungen ins **Zedlacher Paradies** mit uralten Lärchenbeständen (westl.; 2,5 Std.) und von der Bergstation der Goldried-Bahn (nördl. des Rotenkogel) auf dem **Europa-Panoramaweg** nach Kals (2 Std.).
Nördlich, kurz vor dem Felbertauerntunnel, zweigt ein malerisches Seitental, das **Innergschlöß**, ab; der Blick vom Talschluss auf die Gletscherwelt des Großvenedigers ist atemberaubend (zu Fuß oder mit Panoramazug). Vom Venedigerhaus führt ein 10-km-Schaupfad bis zur Gletscherzunge.

INFORMATION

Tourismusinformation, Rauterplatz 1,
A-9971 Matrei in Osttirol, Tel. 050 212500,
www.matreiosttirol.com

KALS AM GROSSGLOCKNER

Das beschauliche Urlauberdorf (1100 Einw.) am Ende des gleichnamigen Tales am Fuß des Großglockners ist Ausgangspunkt für vielerlei Touren in den Nationalpark Hohe Tauern.

SEHENSWERT

Blickfang im Talgrund ist das romanische **Landkirchlein St. Georg** (Urspr. 13. Jh.) südl. Großdorf, malerisch das denkmalgeschützte Ensemble von aneinandergereihten (Wasser-)**Stockmühlen** am Kalserbach nördl. Großdorf. Im **Glocknerhaus Kals** informiert eine Dauerschau über die Geschichte von Ort, Berg und Nationalpark (Ködnitz 7, www.hohetauern.at; Juni–Sept. Mo., Mi. und Fr. 15.00–18.00, sonst Fr. 14.30–17.30 Uhr).

Albin Egger-Lienz' Werke beeindrucken in der Kriegergedächtniskapelle von Lienz.

ERLEBEN

Hauptattraktion ist naturgemäß der **Großglockner**, mit 3798 m Österreichs höchster Berg. Ihm kommt man von Kals auf der mautpflichtigen Glocknerstraße näher, von deren Ende man in einer Stunde zum Paradeaussichtspunkt bei der Lucknerhütte (www.lucknerhuette.at) wandert. Die Dreitausenderkulisse hat man auch unterwegs am 20 km langen **Talrundweg Kals** bzw. von den Bergstationen Blauspitz und Goldried vor Augen. Bei Letzterer wartet auf 2621 m der Einkehr- und Übernachtungsort **Adler Lounge** mit spektakulärer Aussichtsplattform (www.adlerlounge.at).

INFORMATION

Tourismusinformation, Ködnitz 7,
A-9981 Kals, Tel. 050 212 540,
www.osttirol.com

ST. JAKOB IN DEFEREGGEN

Das 40 km lange Defereggental zählt zu den am dünnsten besiedelten Talschaften Tirols und ist dank seiner unberührten Hochgebirgsnatur ein Paradies für Erholungsuchende. Sein Hauptort St. Jakob (850 Einw., 1400 m) gilt als Ausgangspunkt für Touren in den Nationalpark Hohe Tauern und die südl. gelegenen Defereggger Alpen.

SEHENSWERT

Die Nationalparkverwaltung zeigt die **Dauerschau „Erlebnis Zirbe"** (Unterrotte 44; tgl. 8.00 bis 18.00 Uhr). Im Musikpavillon entführt das **Talschaftsmuseum** zu einer interaktiven Zeitreise in die Regionalgeschichte (tgl. 9.00–20.00 Uhr; 2023 vorübergehend geschl.).

ERLEBEN

Leitmotiv des Tales ist sein Wasserreichtum. Gewidmet sind ihm u. a. ein **Wassererlebnisweg** in St. Jakob, der **Wasserwanderweg Hopfgarten** gleich am Taleingang, der **Wasserfall Stallerbach**, auch der Obersee oder die Wege an der Schwarzach und am tosenden Trojeralmbach.

INFORMATION

Tourismusinformation, Unterrotte 44,
A-9963 St. Jakob, Tel. 050 212 600,
www.defereggental.org

LIENZ

In einem klimatisch begünstigten Talbecken liegt der Hauptort von Osttirol. Das Städtchen (11 900 Einw.; Stadtrecht 1242) war schon im 14. und 15. Jh. unter den Grafen von Görz und später den Habsburgern ein Handels- und Verkehrszentrum. Mit dem Bau der Drautalbahn bekam Lienz ab 1871 auch touristische Bedeutung.

SEHENSWERT

Kern der Altstadt ist der lang gestreckte, im Sommer verkehrsfreie, mediterran anmutende **Hauptplatz**. An seiner Südseite ragt die im 17. Jh. als Residenz der Grafen von Wolkenstein errichtete **Liebburg** (heute Rathaus) aus den stattlichen Bürgerhäusern hervor.
An die feudalen Verhältnisse von einst erinnert auch **Schloss Bruck TOPZIEL** (Urspr. 13. Jh.) auf einer bewaldeten Anhöhe. Bis 1500 Sitz der Görzer Grafen, birgt es die Schlosskapelle mit grandiosen spätgotischen Fresken, den prachtvollen Rittersaal und den besteigbaren Bergfried (Aussicht) sowie zahlreiche Werke von Albin Egger-Lienz (Schlossberg 1, www.museum-schlossbruck.at; Juli, Aug. tgl. 10.00–18.00, Mai, Juni, Sept., Okt. Di.–So. 10.00–16.00 Uhr). Das Grab des Malers (1868–1926) befindet sich samt Gemäldezyklus in der **Kriegergedächtniskapelle** unmittelbar neben der ebenfalls interessanten gotischen **Pfarrkirche St. Andrä** (überw. 15. Jh.).

ERLEBEN

Beliebte nahe Wandergebiete sind, jeweils bequem per Seilbahn und Sessellift erreichbar, die **Moos- und Sternalm** am Hochstein (nördl. Bannberg) und, als Tor zum Nationalpark Hohe Tauern, das **Zettersfeld** oberhalb des Debanttals (www.lienzer-bergbahnen.at). Auf Tuchfühlung mit dem Hochgebirge bringt die (mautpflichtige) **Dolomitenstraße** (Auffahrt bei Tristach).
An heißen Tagen locken Strandbad und Rundweg am naturbelassenen **Tristachersee**, die **Galitzenklamm** südl. bei Amlach (www.galitzenklamm.info; Mai–Sept. tgl. 9.00–18.00 Uhr) und der **Frauenbach-Wasserfall** bei Lavant.
Basecamp für aufregende Rafting-, Canoying- oder Kajaktouren ist ein Stück iselaufwärts in Ainet der **Adventurepark Osttirol** (www.ota.at).

HOTELS & RESTAURANTS

Eine gediegene Adresse mitten in der Stadt ist **€€€ Vergeiner's Hotel Traube** (Hauptplatz 14, Tel. 04852 64444, www.hoteltraube.at). Idyllisch am namengebenden Gewässer liegt mit Spa und feiner Küche das **€€€ Parkhotel Tristachersee** (Tristachersee 1, Amlach, Tel. 04852 67666, www.parkhotel-tristachersee.at).

EINKAUFEN

Authentische Mitbringsel – eines hochprozentig, das andere von Hand getöpfert – bieten das **Keramikatelier Eder** (Auenweg 25, www.tonspuren.at) und die Erlebnis-**Naturbrennerei Kuenz** in Dölsach (östl.; www.kuenz-schnaps.at).

UMGEBUNG

Wie weit die Siedlungsgeschichte im Lienzer Raum zurückreicht, bezeugen Reste der **Römerstadt Aguntum** (5 km östl.). Das Grabungsgelände hat man als archäologischen Landschaftspark gestaltet, das Museum bietet Einblicke in Leben und Kultur im 1. und 2. Jh. (www.aguntum.at; Mai–Okt. Di.–So. 10.00–16.00, Jan.–April 13.00 bis 17.00 Uhr).
In der Nähe liegt der „heilige" Kirchbichl von **Lavant** mit der barocken Wallfahrtskirche St. Ulrich (überw. 18. Jh.), der 1485 geweihten Peter- und Paulskirche und archäologischen Relikten.

INFORMATION

Tourismusverband Osttirol,
Mühlgasse 11, A-9900 Lienz,
Tel. 050 212 212,
www.lienzerdolomiten.net

ÜBER DEM HOCHPUSTERTAL

Bis zu 500 m oberhalb des Talbodens verläuft zwischen Leisach und Abfaltersbach die Pustertaler Höhenstraße. Auf der 32 km langen, wenig befahrenen Strecke passiert man mit Blick auf die Gailtaler Alpen idyllische Dörfer und Bergwiesen. Dabei empfehlen sich Stopps und Abstecher zum Erlebniswildpark Assling mit Sommerrodelbahn oder zur barocken bischöflichen Sommerresidenz Schloss Anras (Urspr. 12. Jh., heute Amtshaus und Veranstaltungsort). In Anras lohnt auch der kleine Spaziergang hinauf zur wunderschön ausgemalten Antoniuskirche (17. Jh.).

Wildpark Assling: *April–Sept. tgl. 9.00 bis 18.00, Okt. 10.00–18.00 Uhr;*
www.erlebniswelt-assling.at
Schloss Anras und St. Antoni:
https://anraserpfleghaus.at

Aus dem ursprünglichen Fürstensitz wurde ein Museum für alle: Schloss Bruck.

SILLIAN

Der über tausend Jahre alte Hauptort des Osttiroler Oberlands (Marktrecht 1469; 2050 Einw.), besser bekannt als Hochpustertal, zählt im langjährigen Mittel die meisten Sonnenstunden Österreichs. Dank seiner prächtigen Bergumgebung ist der Drau-Ort ein beliebtes Familienferienziel.

ERLEBEN

Der **Thurntaler** (2404 m), ein Ski- und Wanderberg nordöstl. von Sillian, ist von Panzendorf bei Heinfeld per Gondelbahn zu erreichen (www.hochpustertal-ski.at). Eine schöne Wanderung führt nahe Anras (östl.) im Burger Tal von Vergein über den **Wasserfallpfad Celar**.
Sillian wird gern als Einstieg in den **Drauradweg** (s. rechts) genutzt und ist zudem Ausgangspunkt für den 155 km langen **Karnischen Höhenweg** (www.karnischer-hoehenweg.com) in Richtung Villach.

HOTEL

Eine schmucke, modern gestaltete Bleibe im Ortszentrum ist das **€ € Hotel Juenmi** (Sillian 160, Tel. 0664 5 29 10 86, www.juenmi.com).).

EINKAUFEN

Am Hauptplatz lauert als süße Versuchung die alteingesessene Bäckerei-Konditorei **Pichler's Schokoladenwelt** (www.pichler-sillian.at; Mo.–Fr. 8.00–18.00, Sa. 8.00–14.00 Uhr, Juli und Aug. länger) und in Heinfels die **Genusswelt** samt Mitmach-Konditorei des Südtiroler Waffelerzeugers Loacker (Panzendorf 196, www.loacker.com; tgl. 9.30–17.00 Uhr).
Mitbringsel aus Schafwolle, Holz, Heu, Wiesenblumen und Almkräutern Marke Eigenbau gibt es bei **Villgrater Naturprodukte** in Innervillgraten (www.villgraternatur.at).

UMGEBUNG

Am Eingang ins Villgratental thront weit sichtbar **Burg Heinfels** (Urspr. 13. Jh.), Wahrzeichen des Hochpustertals (www.burg-heinfels.com; Juli bis Mitte Sept. tgl. 10.00–17.00, Mai, Juni und Mitte Sept.–Okt. 10.00–16.00 Uhr).
Abgeschieden und urtümlich präsentiert sich das **Villgratental**, ebenfalls wenig berührt das über den Kartitscher Sattel erreichbare **Tiroler Gailtal** mit seinem Hauptort Obertilliach.

INFORMATION

Tourismusinformation, Gemeindehaus 86, A-9920 Sillian, Tel. 050 212300, www.osttirol.com

UNTERWEGS AUF DEM DRAURADWEG

An einem Gewässer mit eigener Muskelkraft entlangzurollen ist reine Erholung, da die Strecke meist die Kräfte schont. Das gilt auch für den Drauradweg, der weitgehend direkt dem Flussufer folgt – von Südtirol und weiter über Kärnten bis nach Kroatien, insgesamt über 510 Kilometer. Auf 60 Kilometern, zwischen Sillian und Nikolsdorf, verläuft er auf Osttiroler Boden und fällt dabei sanft von 1200 auf gut 600 Höhenmeter ab.

Die Route führt am jungen Fluss entlang, von üppigen Wiesen zur Linken und schroffen Dolomitenflanken der zur Rechten begleitet, durch das enge Pustertal. Dörfer, Burgen und gotische Kirchen sind sichtbare Zeugen eines alten Kulturraums. Die Wasserspenden der Wildbäche und weit mehr noch die in Lienz einmündende Isel machen die Drau bald zu einem stattlichen Ge-

wässer mit Auwäldern, Schotterbänken und Inseln. In dieser malerischen Landschaft fließt sie vielerorts noch frei. Kein Kraftwerk bremst ihren Lauf.

Strecke: Der gesamte Drauradweg führt in sieben bequemen Tagesetappen von Toblach in Südtirol bis Varaždin nahe der slowenisch-kroatischen Grenze. Streckenbeschreibung, GPS-Route zum Download und viele weitere Informationen auf www.drauradweg.com

Service: Unterkünfte, Einkehrmöglichkeiten, Radverleiher, Radtaxis, Reparaturwerkstätten und weitere Dienstleister findet man auf www.drauradwegwirte.at. Toblach, Sillian und Lienz sind als Ausgangspunkte bequem auch per Bahn erreichbar. In der Urlaubssaison hat man für den Radrücktransport einen Shuttledienst von Lavamünd bzw. Klopeiner See in Südost kärnten nach Lienz bzw. Sillian eingerichtet. Info und Buchung: Tel. +43 676 84 49 99 33, www.kaerntenshuttle.at)

HILFREICH & NÜTZLICH

Praktische Informationen für die Reise in Österreichs gebirgigstes Bundesland und für einen rundum gelungenen Aufenthalt finden Sie hier, von A bis Z.

Die Europabrücke ist Teil der Brennerautobahn, einer der wichtigsten Nord-Süd-Verkehrsadern.

ANREISE

Auto & Motorrad: Aus Deutschland über A 8 und A 93 von München via Rosenheim und Kufstein. Weitere Routen führen über den Achenpass und -see, über Mittenwald oder Füssen und Fernpass nach Tirol bzw. ins Inntal. Nach Osttirol gelangt man von Kufstein über Kitzbühel, Mittersill und durch den Felbertauerntunnel. Für Autobahnfahrten ist vorab oder an der Grenze eine Mautvignette zu besorgen, eine digitale Vignette bekommt man unter https://www.asfinag.at.

Bahn: Über das Inntal sind Tirols Hauptorte allesamt bestens mit dem (mittel-)europäischen Schienennetz verbunden. Die Hauptrouten verlaufen von München über Rosenheim und Kufstein nach Innsbruck und weiter über den Brenner nach Italien bzw. über den Arlberg Richtung Schweiz. Per Bahn erreichbar sind auch das Zillertal (ab Jenbach), St. Johann und Kitzbühel (ab Wörgl oder Salzburg), Seefeld und Reutte (ab München). Nach Lienz und ins Pustertal gelangt man über Spittal an der Drau in Kärnten. Bequem über Nacht reist man mit dem eigenen fahrbaren Untersatz im ÖBB-Autoreisezug von Hamburg oder Düsseldorf nach Innsbruck.

Heute museal, 1889 aber Symbol hochmoderner Infrastruktur: Achenseebahn

Bus: Mit dem Fernbusanbieter FlixBus (www.flixbus.de) kommt man aus vielen Städten Europas günstig nach Innsbruck. Vom Münchner Flughafen beispielsweise über Garmisch und Seefeld in knapp 2,5 Std. Eberhardt Travel und „Gemeinsam Schöner Reisen" (www.eberhardt-travel.de) bringen Urlauber aus dem Raum Sachsen(-Anhalt), Thüringen, Süd-Brandenburg, Berlin und dem nördlichen Baden-Württemberg direkt in diverse Ferienregionen Tirols. Eurobus (www.eurobus.ch) steuert regelmäßig aus über einem Dutzend Einstiegsorten in der Schweiz Seefeld, Pertisau und das Zillertal an.

Flugzeug: Einziger internationaler Airport des Landes ist der in Innsbruck-Kranebitten (www.innsbruck-airport.com; bequem erreichbar mit der Buslinie F vom Innsbrucker Hauptbahnhof in 20 Min.). Er wird ganzjährig aus Wien, Frankfurt/Main, Luxemburg, Amsterdam und London angeflogen. Zu Ferienzeiten, vor allem im Winter, enthält der Flugplan zahlreiche zusätzliche Linien- und Charterdestinationen, vor allem in den Benelux-Staaten, Norddeutschland, Skandinavien und Großbritannien. Zudem existieren von vielen zentralen Tourismusregionen Shuttle-Verbindungen zu den relativ nahe gelegenen Flughäfen von Salzburg und München.

APPS & INTERNET

Die größte online verfügbare Sammlung von Informationen zu Tiroler Ausflugszielen, Tourenvorschlägen, Skigebieten samt persönlichen Tipps und Fotos umfasst die **Tirol Reiseführer App**. Sie steht – ebenso wie die im Folgenden empfohlenen Apps – kostenlos sowohl im Apple App Store als auch im Google Play Store zum Download bereit.

Sie wollen Tirol mit öffentlichen Verkehrsmitteln erfahren? Mit der **SmartRide App** des Verkehrsverbunds Tirol (VVT) laden Sie sich alle Fahrpläne sowie Auskünfte zu Preisen, Baustellen, Verspätungen der Zug-, Bus-, Bahn- und Tramverbindungen in Tirol und ganz Österreich herunter. Ergänzend empfehlen sich die **VVT Ticket App**, über die Tickets und aktuelle Angebote gebucht werden können, sowie die **ÖBB App** (App der Österreichischen Bundesbahnen). Um landesweit zu jeder Tages- und Nachtzeit ein Taxi zu bekommen, bietet sich die bequeme **TaxiApp Tirol** an.

Eine reichhaltige Informationsquelle zu allen Kletter-Hotspots des Landes ist die **Climbers**

Der Inn ist seit jeher wichtiger Verkehrsweg – in Innsbruck seit 1875 überspannt vom Emile-Béthouart-Steg.

AM FUSSE DES WILDEN KAISERS: Der Stanglwirt

„Place to be" für Aktivurlaub mit viel Natur.

Das Bio- und Wellnessresort Stanglwirt, das idyllisch am Fuße des Wilden Kaisers liegt, ist nicht nur für die exklusive Wellness-Auszeit die erste Wahl, sondern auch für einen nachhaltigen Aktivurlaub. Ob Tennis auf den acht hoteleignen Freiplätzen, Wandern, Bergsteigen oder Auspowern im Fitnessgarten mit modernsten Geräten – die Möglichkeiten im Bio-Bauernhof mit integriertem Fünf-Sterne-Luxushotel sind nahezu grenzenlos. Jederzeit wie „daheim" fühlen sich Gäste bei der Hoteliers-Familie Hauser, die den Stanglwirt seit nunmehr zehn Generationen mit viel Liebe und Engagement führt. Tiroler Gastfreundschaft wird im wahrsten Sinne des Wortes gelebt – sei es bei einer gemeinsamen Wanderung auf die Stanglalm oder beim Angelausflug an heimische Gewässer mit Juniorchef Johannes Hauser. Zudem sorgt das abwechslungsreiche wöchentliche Aktiv-Programm mit Ponyreiten, Bauernhof-Besuchen und Stallführungen durch das hoteleigene Lipizzaner-Gestüt für die Kids sowie Yoga, Waldbaden oder E-Bike-Touren für die Erwachsenen für unvergessliche Urlaubserlebnisse für die gesamte Familie.

Info & Kontakt:
Bio- und Wellness-Resort Stanglwirt
Tel. +43 (0) 5358 2000
www.stanglwirt.com

Paradise App (s. auch www.climbers-paradise.com). Tourengehern, Freeridern und all jenen, die sich im Winter abseits gesicherter Pisten in den Tiroler Bergen bewegen, sei als Begleiter die **Lawine Tirol App** des Lawinenwarndienstes Tirol und der Tiroler Tageszeitung ans Herz gelegt; und Bergfexen generell für rasche Hilfe bei Alpinunfällen die grenzüberschreitende Notfall-App **SOS EU Alp** (für Bayern, Tirol und Südtirol), die auf Knopfdruck den eigenen Standort (GPS-Koordinaten) übermittelt und zudem eine Telefonverbindung zur Leitstelle Tirol zur Abklärung der Situation herstellt.
Online-Informationen über das Bundesland Tirol finden sich auf der offiziellen Seite der **Tirol Werbung** (www.tirol.at) und auch auf jener der **Österreich Werbung** (www.austria.info).

AUSKUNFT

Österreich: Österreich Werbung Wien, Vordere Zollamtsstraße 13, A-1030 Wien, info@austria.info, Tel. +43 (0)1 58 86 60
Tirol: Tirol Werbung, Maria-Theresien-Straße 55, A-6020 Innsbruck, Tel. +43 (0)512 5 32 00, info@tirol.at

Bis heute spiegelt das Ortsbild von Schwaz durch Silberbergbau erworbenen Wohlstand

AUTOFAHREN

Mietwagen: Neben bekannten Marken wie Avis, Sixt, Hertz, Europcar gibt es weitere wie Buchbinder und CarFlexi. Zur Anmietung braucht man Ausweis, Führerschein und Kreditkarte. Für bestimmte Fahrzeuggruppen wird häufig ein Mindestalter von 21 Jahren vorausgesetzt. Es empfiehlt sich, auf die Vertragspunkte wie Deckungssumme, Freikilometer und Selbstbeteiligung zu achten.
Verkehrsregeln: In Tirol gelten weitgehend die gleichen Verkehrsregeln wie in Deutschland: Anschnallpflicht, Handyverbot, Promillegrenze 0,5 ‰, Höchstgeschwindigkeiten 50 km/h (innerorts),

GESCHICHTE

Prähistorie: Tirols Täler sind seit vielen Jahrtausenden besiedelt. Älteste Funde reichen bis in die Alt- und Mittelsteinzeit zurück. Die berühmte am Tiesenjoch an der Grenze zum heutigen Italien gefundene Gletschermumie Ötzi ist etwa 5300 Jahre alt. Ebenfalls aus dem 4. Jt. v. Chr. stammen erste Zeugnisse einer Bergbaukultur. Vor allem Kupferabbau führt früh zu regem Handel und der Herstellung von Bronzegerät und -schmuck.
15 v. Chr.: Römische Truppen erobern das Gebiet und teilen es in die Provinzen Rätien und Noricum. Passpfade werden zu Gebirgsstraßen ausgebaut. Aguntum nahe dem heutigen Lienz ist urbanes Zentrum der Region.
5./6. Jh. n. Chr.: In der Spätantike zählt Tirol zum Reich der Ostgoten. Nach dessen Zusammenbruch erfolgt vom Osten slawische Besiedlung, während vom Norden Bajuwaren einwandern.
11. Jh.: Bis 1027 ist Tirol Teil des Herzogtums Bayern; nur der Raum Lienz gehört zum Herzogtum Kärnten. In der Folge werden die Bischöfe von Brixen und Trient mit den „Grafschaften der Alpen" belehnt; sie delegieren diese freilich an verschiedene Adelsfamilien.
12./13. Jh.: Ausgehend von Schloss Tirol bei Meran gründet das gleichnamige Geschlecht die Grafschaft Tirol. Diese geht 1253 an die Grafen von Görz über und bildet wenig später unter Meinhard II. erstmals eine territoriale Einheit. Inzwischen hat Innsbruck das Stadtrecht erhalten (1239 bestätigt), und im Halltal wurden reiche Salzlager entdeckt.
1363: Die Landesmutter Margarete von Tirol-Görz (genannt „Maultasch") vermacht ihr Land den Habsburgern. Das Unterinntal gehört weiter zum Herzogtum Bayern, das Zillertal zum Fürsterzbistum Salzburg.
15. Jh.: Herzog Friedrich IV. verlegt seine Residenz von Meran nach Innsbruck, sein Sohn Sigmund der Münzreiche die Münze von Meran nach Hall.
Um 1500: Der Habsburger Erzherzog Maximilian von Österreich (ab 1486 römisch-deutscher König, ab 1508 römisch-deutscher Kaiser Maximilian I.) erhebt Innsbruck zu seiner repräsentativen Renaissanceresidenz und zugleich Machtzentrale europäischer Politik – dank der reichen Silbererträge des Schwazer Bergbaus. Es kommen Teile des Unterlandes (von Bayern) und das Pustertal mit Lienz (von den Görzer Grafen) zu Tirol.
1800: Erstbesteigung des Großglockners.
1809: Nach Abtretung ihrer Heimat durch Österreich an die mit Frankreich verbündeten Bayern erheben sich Tiroler Freiheitskämpfer unter dem 1767 in Passeier geborenen Andreas Hofer gegen die Besatzer. Nach der finalen Niederlage in der Schlacht am Bergisel wird Hofer in Mantua hingerichtet (1810). Nach Napoleons Fall (1815) kommt Tirol an Österreich zurück.
2. Hälfte des 19. Jh.: Dank der Eröffnung der Bahnstrecken von Innsbruck nach Kufstein (1858), über den Brenner (1867) und durch den Arlberg (1884) wird Tirol an das internationale Schienennetz angebunden und zum Tourismusziel.
1919: Gemäß dem Friedensvertrag von St. Germain fällt das Gebiet südlich des Brenners in der Folge des Ersten Weltkriegs an Italien – eine Teilung, die bis heute besteht. Osttirol bleibt zwar österreichisch, ist jedoch vom nunmehrigen Nordtirol geografisch getrennt.
1938–1955: Nach dem „Anschluss", zu Zeiten der nationalsozialistischen Herrschaft, ist Österreich Teil des Deutschen Reiches. Es werden die Gaue Tirol-Vorarlberg und Kärnten (inklusive Osttirol) geformt.
Nach dem Ende des Zweiten Weltkriegs steht die nunmehr Zweite Republik noch für zehn Jahre – bis zur Unterzeichnung des Staatsvertrags – unter alliierter Besatzung. Für Nordtirol ist die französische, für Osttirol die britische Armee zuständig.
1964 und 1976: Gleich zweimal in kurzer Folge ist Innsbruck Austragungsort der Olympischen Winterspiele.
1960er- und 1970er-Jahre: Wegweisende Verkehrsprojekte wie der Bau der Brennerautobahn mit der Europabrücke (ab 1963), des Felbertauerntunnels (1967) und des Arlberg-Straßentunnels (1978) bringen Tirol und die Nachbarregionen einander noch näher und helfen zugleich den Fremdenverkehr zu intensivieren.
1972: Nach langwierigen Verhandlungen erhält Südtirol von der italienischen Zentralregierung den Autonomiestatus und damit weitgehende Kompetenzen zugestanden.
1989: Die konservative Volkspartei (ÖVP) verliert bei Landtagswahlen erstmals die absolute Mehrheit, bleibt aber die bestimmende politische Kraft in Tirol – bis heute.
1991: In den Ötztaler Alpen wird die später „Ötzi" genannte Gletschermumie aus der späten Jungsteinzeit bzw. Kupfersteinzeit gefunden.
1995: Österreich tritt der Europäischen Union bei. Drei Jahre später werden infolge des Schengener Abkommens auch am Brenner jegliche Grenzkontrollen aufgehoben – ein wichtiger symbolischer Akt. Es kommt zur Gründung der Europaregion Tirol-Südtirol-Trentino.
2009: Mit vielfältigen Veranstaltungen wird im ganzen Land des Tiroler Freiheitskampfes vor 200 Jahren gedacht.
2013: Auf Landesebene kommt es zur Koalitionsregierung aus konservativer ÖVP und den Grünen, ein Tiroler Novum.
2020–2024: Das weltweit grassierende Coronavirus macht auch Tirol auf vielen Ebenen sehr zu schaffen; zu Beginn der Pandemie erwirbt sich insbesondere die Wintersporthochburg Ischgl wegen zahlreicher Infektionen einen zweifelhaften Ruf. Der Tourismus (2019 waren fast 50 Millionen Gästeübernachtungen gezählt worden) erleidet dramatische Einbrüche. Nach Abflauen bzw. Ende der Pandemie erreichen die Gäste- und Nächtigungszahlen in den Jahren 2023/24 allmählich wieder das Vorkrisenniveau.

In Tirol wird fast jeder Sportwunsch erfüllt: Fahrradstunts beim „Crankworx" in Innsbruck-Mutters.

100 km/h (Landstraße) bzw. 130 km/h (Autobahn). Verstöße werden streng geahndet – wer zu schnell fährt oder falsch parkt, riskiert eine hohe Geldbuße. In blau markierten Zonen muss ein Parkschein gelöst werden, grüne Bereiche sind für Elektroautos reserviert.

FEIERTAGE

1. Januar (Neujahr), 6. Januar (Dreikönigstag), 1. Mai (österreichischer Staatsfeiertag), 15. August (Mariä Himmelfahrt), 26. Oktober (Nationalfeiertag), 1. November (Allerheiligen), 25. und 26. Dezember (Weihnachten).

GELD

Österreich gehörte zu den ersten europäischen Staaten, die den **Euro** als Zahlungsmittel eingeführt haben.
Bargeld lässt sich an **Geldautomaten** (Bankomaten) und in Banken (in der Regel Mo.–Fr. 8.00 bis 12.00 und 14.00–16.00 Uhr) abheben. Bargeldloses Einkaufen mit Bank- oder Kreditkarten ist meist problemlos möglich. Auch in Hotels, Restaurants und Bars kann man damit bezahlen. Maestro-Karten funktionieren an beinahe jedem Automaten.

GESUNDHEIT

Das Gesundheitssystem in Tirol entspricht voll und ganz europäischem Standard. Die großen Krankenhäuser sind modern ausgestattet. Wer seine **Europäische Krankenversicherungskarte** (EHIC, E-Card) vorlegt, wird in staatlichen Krankenhäusern und von Kassenärzten kostenlos behandelt. In privaten Arztpraxen und Kliniken gehen Behandlungen oft zügiger voran, meist muss aber vor Ort bezahlt werden. Bei Vorlage der Rechnung bekommt man sein Geld in der Regel von der Krankenkasse zurück. Dennoch kann sich zur Sicherheit der Abschluss einer Auslandskrankenversicherung lohnen.

Notruf/Ambulanz: 144
Alpinnotruf (Bergrettung): 140
Euronotruf: 112

ÖFFENTLICHER VERKEHR

Bus: Sämtliche Orte des Inntals, aber auch alle größeren Seitentäler sowie natürlich die Haupttäler Osttirols sind durch die öffentlichen Busse des Verkehrsbunds Tirol (VVT) sehr gut erschlossen (VVT KundInnencenter, Sterzinger Straße 3, A-6020 Innsbruck, Tel. +43 512 56 16 16; Infos zu Fahrplänen u. a. auf www.vvt.at).
Zur Feriensaison verkehren vielerorts spezielle, meist kostenfrei nutzbare **Wander- oder Skibusse**. In vielen der für den Individualverkehr gesperrten Täler des Nationalparks sorgen **Shuttle-Taxis** für bequeme Zu- und Abfahrt. Informationen bei den regionalen Tourist-Informationen.
Während der Wintersaison verkehren Busse der Firma Geldhauser Reisen zwischen München/ Rosenheim und dem Skigebiet Kitzbühel-Kirchberg (www.kitzskixpress.de). An ausgewählten Tagen bringt der Skibus München (www.skibus muenchen.de) Wintersportler in die Skigebiete Kitzbühel-Kirchberg, Hochzillertal, St. Johann, Kals-Matrei und zum Pitztaler Gletscher.
Bahn: s. Anreise.

Die Martinswand bei Innsbruck-Zirl: ein beliebtes Klettergebiet aller Schwierigkeitsgrade

REISEDATEN

Bahn: z. B. Frankfurt–Innsbruck–Frankfurt ab 60 €
Inlandsverkehr: Bahnfahrt Kufstein–Landeck ab 18 €
Reisepapiere: Personalausweis oder Reisepass; Kinder benötigen ein eigenes Ausweisdokument.
Währung: Euro
Mietwagen: ab 230 € pro Woche (unbegrenzte Kilometer, kein Selbstbehalt)
Benzin: 1 Liter Super ca. 1,50–1,70 €
Hotel (DZ mit Frühstück): Luxuskategorie ab 180 € pro Nacht, Mittelklasse ab 105 € pro Nacht
Ferienwohnung im Wander- oder Skiort: ab 700 € pro Woche (für 4 Pers., Hochsaison)
Menü: à la carte (3 Gänge) ab 30 €, einfaches Hauptgericht ab 11 €
Ortszeit: MEZ/MSZ

ÖFFNUNGSZEITEN

Apotheken: Mo.–Fr. 8.00–12.30 und 14.30–18.00 (teils auch durchgehend), Sa. 8.00–12.00 Uhr.
Banken: in der Regel Mo.–Fr. 8.00–12.00 und 14.00–16.00 Uhr.
Geschäfte: Mo.–Fr. 8.00/10.00–18.00/18.30, Sa. 8.00/10.00–17.00/18.00, große Supermärkte oft bis 20.00 Uhr, während der Hauptsaison in Tourismusorten teils auch So. und Fei.
Restaurants: in der Regel 11.00–15.00 und 18.00 bis 23.00 Uhr.

Anzeige

Ihr Naturerlebnis und Wellnesshotel für Erwachsene am Haldensee

- Seeblick von allen Bereichen: Bodentiefe Fenster und großzügige Terrassen erwecken das Gefühl eines Logenplatzes vor der herrlichen Kulisse des Haldensees

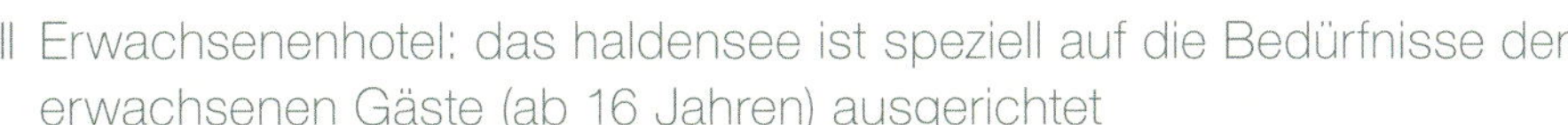

- Erwachsenenhotel: das haldensee ist speziell auf die Bedürfnisse der erwachsenen Gäste (ab 16 Jahren) ausgerichtet
- Die optimale Lage des Hotels erlaubt es, Entspannung im Hotel und Aktivurlaub im Freien ganzjährig perfekt zu verbinden
- reines Entspannen in unserer weitläufigen Wellnesslandschaft – die energiereiche Seeluft wirkt herrlich belebend auf Körper, Geist und Seele
- pures Naturspüren – entdecken Sie unser vielseitiges Aktiv- und Vitalprogramm

Wir freuen uns auf Sie! Ihre Familie Gleirscher und das haldensee-Team

haldensee – Naturerlebnis und Wellnesshotel
Haller 27 || 6672 Nesselwängle || Tannheimer Tal || Tel. +43 5675/20727
info@haldensee-hotel.com || www.haldensee-hotel.com

POST UND TELEFON

Post: Wer von Tirol aus einen Brief ins Ausland verschicken möchte, geht entweder aufs Postamt oder zu einem der vielen Postpartner an Tankstellen oder in Tabakläden. Ein gewöhnlicher Brief oder eine Postkarte ins europäische Ausland kostet 0,90 €. Die Beförderungsdauer beträgt drei bis fünf Tage.
Telefonvorwahlen: Die Vorwahl für Österreich lautet 0043. Wer von Tirol ins Ausland telefonieren möchte, wählt 0041 für die Schweiz, 0049 für Deutschland oder 0039 für Italien und lässt die erste 0 bei der Ortsvorwahl weg. Innerhalb Österreichs wählt man wie in Deutschland die Ortsvorwahl mit der führenden 0.

Kaiserschmarrn kann auch edel sein: Rübezahl-Alm oberhalb von Ellmau

RESTAURANTS

Ob preisgünstiges kleines Wirtshaus oder angesagtes Haubenlokal – in Tirols gastronomischen Stätten kann man naturgemäß vor allem die einheimisch-alpine Küche genießen. Allerdings mischen sich immer öfter mediterrane Elemente in das Angebot. In fast allen Restaurants geht der Trend zu regionalen, natürlichen Produkten.
Die größte Auswahl gibt es in der Landeshauptstadt und den viel frequentierten Kernzonen des Tourismus. Aber auch in entlegenen Gegenden, stillen Seitentälern in Osttirol etwa, kann man auf exzellente Lokale mit regionalen Besonderheiten stoßen.

PREISKATEGORIEN

€€€€	Hauptgericht	über 40 €
€€€	Hauptgericht	20–40 €
€€	Hauptgericht	11–20 €
€	Hauptgericht	unter 11 €

Den Geheimnissen regionalspezifischer Köstlichkeiten – von der Edelschokolade bis zum Alm- und Heumilchkäse, vom Wildkraut und Stubaier Jungrind bis zum Tiroler Wein und Zwetschenbrand – können Gourmets entlang der **Tiroler Genussrouten** auf die Spur kommen, vom Anbau bis zur Ernte und der Verkostung (www.tirol.at/genussrouten).
Eine kleine Restaurantauswahl findet sich auf den Infoseiten der jeweiligen Kapitel.

UNTERKUNFT

Die Bandbreite der Unterkünfte in Tirol reicht vom smarten Stadthotel in der Landeshauptstadt bis zum Urlaubsdomizil auf dem Bauernhof, von der gemütlichen Pension bis zum Fünf-Sterne-Haus mit Wellnessoase.
Eine kleine Auswahl empfehlenswerter Adressen findet sich auf den Infoseiten.
Almhütten: Ruhiger als auf einer Alm kann man seinen Urlaub kaum verbringen (Informationen u. a. auf www.osttirol.com und www.urlaubaufderalm.com).
Bauernhofurlaub: Ferien auf einem Bauernhof ermöglichen naturnahe Erlebnisse – inklusive Kostproben bäuerlichen Lebens – und bieten sich auch für den Winter an. Informationen erhält man beim Bundesverband für Urlaub am Bauernhof in Österreich (Gabelsbergerstraße 19, A-5020 Salzburg, Tel. +43 (0)662 88 02 02, www.urlaubambauernhof.at).
Camping: Urlaub im Wohnmobil, Wohnwagen oder Zelt – für viele verbindet sich damit ein Gefühl von Freiheit. Dass Camper längst nicht mehr auf Komfort, Wellness-, Sport- oder Familienangebote verzichten müssen, zeigen die rund 90 Campingplätze in Tirol (Informationen auf www.tirol.at und www.campingtirol.at).
Jugendherbergen: Der Österreichische Jugendherbergsverband (Zelinkagasse 12, A-1010 Wien, Tel. +43 (0)1 533 53 53, www.oejhv.at) betreibt Häuser in Bruck am Ziller, Igls bei Innsbruck, Innsbruck, Jerzens im Pitztal, Karrösten bei Imst, Kirchberg in Tirol (westl. von Kitzbühel), Kössen, Obernberg am Brenner und Stummerberg im Zillertal.

PREISKATEGORIEN

€€€€	Doppelzimmer	über 200 €
€€€	Doppelzimmer	130–200 €
€€	Doppelzimmer	70–130 €
€	Doppelzimmer	unter 70 €

WETTERDATEN

INNSBRUCK

	Tages-Temp. max.	Tages-Temp. min.	Tage mit Niederschlag	Sonnenstunden pro Tag
Januar	2°	−5°	9	3
Februar	5°	−4°	8	4
März	11°	0°	8	5
April	15°	4°	10	6
Mai	20°	8°	11	6
Juni	23°	11°	14	6
Juli	25°	13°	13	7
August	24°	12°	13	7
September	21°	10°	9	6
Oktober	15°	5°	7	5
November	8°	1°	8	3
Dezember	2°	−4°	8	2

ZOLL

EU-Bürger dürfen ihren **Reisebedarf für den persönlichen Gebrauch** innerhalb der Europäischen Union zollfrei ein- und ausführen (u. a. 90 l Wein, 10 l Spirituosen, 200 Zigarren, 400 Zigarillos, 800 Zigaretten). Achtung: Die genannten Freigrenzen gelten nur für Waren, die in einem Geschäft innerhalb der EU erworben wurden (ggf. Rechnung aufbewahren!).
Der Einkauf in einem **Travel Value Shop am Flughafen** fällt nicht unter diese Regelung. Hierbei gelten die Einfuhrbestimmungen und (niedrigeren) Freimengen für Drittländer.

Die köstlichen Verführungen von Pichlers Schokoladenwelt sind in Sillians Kirchgasse zu finden.

REGISTER

Fette Ziffern verweisen auf Abbildungen.

IMPRESSUM

2. Auflage 2024

Verlag: DuMont Reiseverlag, Postfach 3151, 73751 Ostfildern, Tel. 0711 45 02 0, Fax 0711 45 02 135, www.dumontreise.de
Geschäftsführer(in): Dr. Stephanie Mair-Huydts, Markus Schneider
Programmleitung: Andrea Wurth
Redaktion: Elke Schäle-Schmitt
Text: Walter M. Weiss, Wien
Exklusiv-Fotografie: Ralf Brunner, Hamburg
Titelbild: Huber Images/Jonas Hühn (Mieminger Gebirge mit Seebensee)
Zusätzliches Bildmaterial: S. 39 (Ja natürlich): Tiroler Edles, Innsbruck; S. 97 (Ja natürlich): Mair's Beerengarten, Rietz
Grafische Konzeption und Layout: CYCLUS · Visuelle Kommunikation, Stuttgart
Kartografie: © MAIRDUMONT GmbH & Co. KG, Ostfildern
Illustration: Grazyna Ostrowska-Henschel S. 6, 20, 78
DuMont Bildarchiv: Marco-Polo-Straße 1, 73760 Ostfildern, Tel. 0711 45 02 0, bildarchiv@mairdumont.com

Für die Richtigkeit der in diesem DuMont Bildatlas angegebenen Daten – Adressen, Öffnungszeiten, Telefonnummern usw. – kann der Verlag keine Garantie übernehmen. Nachdruck, auch auszugsweise, nur mit vorheriger Genehmigung des Verlages. Erscheinungsweise: vierteljährlich.

Anzeigenvermarktung: MAIRDUMONT MEDIA, Tel. 0711 45 02 0, Fax 0711 45 02 10 12, media@mairdumont.com, http://media.mairdumont.com
Vertrieb Zeitschriftenhandel: PARTNER Medienservices GmbH, Postfach 810420, 70521 Stuttgart, Tel. 0711 72 52 212, Fax 0711 72 52 320
Vertrieb Abonnement: Leserservice DuMont Bildatlas, Zenit Pressevertrieb GmbH, Postfach 810640, 70523 Stuttgart, Tel. 0711 72 52 265, Fax 0711 72 52 333, dumontreise@zenit-presse.de
Vertrieb Buchhandel und Einzelhefte: MAIRDUMONT GmbH & Co KG, Marco-Polo-Straße 1, 73760 Ostfildern, Tel. 0711 45 02 0, Fax 0711 45 02 340
Reproduktionen: PPP Pre Print Partner GmbH & Co. KG, Köln
Printed in Germany

Urlaub erinnern …

Auch wenn Tirol bereits wieder in weiter Ferne liegt, ein passendes Mitbringsel kann Urlaubsstimmungen schnell wieder auffrischen. Dann heißt es: Weißt Du noch …? Hier einige Vorschläge von Autor Walter M. Weiss.

GERÄUCHERTES

Tirol ist ein großer Feinkostladen und eines seiner kulinarischen Aushängeschilder seit alters der Schweinsspeck – über Buchenholz geräuchert, an der Bergluft getrocknet. Meister der Herstellung ist das Familienunternehmen Handl. Es verkauft die würzige Köstlichkeit in über das ganze Land verstreuten firmeneigenen Läden (www.handltyrol.at).

WOHLIGE WÄRME

Als Bergbewohner gelten Tiroler von Natur aus als Experten in Sachen warme Füße. Ergebnis jahrhundertealter Erfahrung sind die Zillertaler Doggln, wie sie Familie Hartl in ihrer Werkstatt in Stumm fabriziert. Deren Herz besteht aus gewalkter Wolle, die oberste Schicht aus Loden – auf Wunsch bunt oder bestickt –, die Sohle aus robustem Gummi. Solcherart beschuht, ist man gegen Kälte und Nässe gewappnet (www.zillertaler-doggln.at).

SPANNENDE KLÄNGE

Es müssen ja nicht der Kaiserjägermarsch oder die Schürzenjäger aus dem Zillertal sein. Tiroler Volksmusik kann auch schräg, innovativ und sehr gegenwärtig daherkommen, wie zum Beispiel das Ensemble Musicbanda Franui aus dem Villgratental. Die vergnüglich-virtuosen CDs blasen die Ohren durch und gehören gehört (www.franui.at).

HEIMAT(HAND)WERK

Man weiß zwar nicht so ganz, wonach einem der Sinn steht, doch typisch tirolerisch soll das Souvenir tunlichst sein. Und klar: von hoher Qualität. Eine Tracht? Oder lieber ein Lodenjanker? Ein Leinentischtuch oder Edelbrand? Oder doch ein Stück Zinngeschirr, Silberschmuck oder eine geschnitzte Weihnachtskrippe? Im Innsbrucker Laden der Genossenschaft Tiroler Heimatwerk findet sich garantiert etwas Passendes (https://heimatwerk.co.at).

EIN EDLER GEIST

Die kleinste Einheit alpiner Erlebniskraft steckt im Hochkonzentrierten. Wenn sich regionale Vorzeigeprodukte wie Enzianwurzel, Vogelbeere oder alte Steinobstsorten mit reinstem Quellwasser und uralter Brenntradition verbünden, ist das eine gehaltvolle Erinnerung an den letzten Bergsommer. Zum Verkosten und Erwerb empfiehlt sich eine Fahrt über die Tiroler Schnapsroute (www.tirol.at).

FIRST GLASS

Gläser von Riedel gelten rund um den Globus als Garanten für erlesene Trinkkultur. Das mittlerweile in elfter Generation geführte Familienunternehmen hat seinen Stammsitz in Kufstein. Dort fertigt man nicht nur feinste Wein- und Wasser-, Champagner- und Spirituosengläser, sondern betreibt auch eine Schauglashütte samt Firmenmuseum und Outlet-Shop. Das Souvenir für festliche Stunden daheim: Hier findet man's (www.riedel.com).

MAKABRE LEKTÜRE

Sie lebt, liebt und mordet in Innsbruck – so porträtiert sich Lena Avanzini selbst. Klar ist freilich: Sie mordet nur mittels Buchstaben.
In ihrer Krimitrilogie rund um den Protagonisten und Kripochef Oberst Wilfried Heisenberg (erschienen bei Emons in Köln), führt die Autorin uns Leser in unerwartet düstere Gefilde des Heiligen Landes Tirol. Dicht geschrieben, in jeder Weise fesselnd und unterhaltsam. Wer jetzt Blut geleckt hat, kann es dann mit dem zweiten Avanzini-Schützling versuchen: mit Carla Bukowski.

»ALLE MENSCHEN WERDEN DIE WAHRNEHMUNG MACHEN, DASS MAN AUF HOHEN BERGEN, WO DIE LUFT REIN UND DÜNN IST, FREIER ATMET UND SICH KÖRPERLICH LEICHTER UND GEISTIG HEITERER FÜHLT.«

Jean-Jacques Rousseau, französisch-schweizerischer Philosoph

TIROLER STEINÖL

Irgendwann erwischt es fast jeden: Man spürt in den Gelenken ein Zwicken und Knirschen. Glücklich, wer dann ein Fläschchen Steinöl im Arzneischrank stehen hat. Das bei Pertisau am Achensee aus stark schwefelhaltigem Ölschiefer gelöste Extrakt wird in Tirol seit jeher für seine Heilkraft geschätzt. In Fläschchen gefüllt ist es ein willkommenes Mitbringsel – im Fall der Fälle als Muntermacher für den Bewegungsapparat, aber auch als mildes Pflegemittel für Haut und Haar (www.steinoel.at).

PRO
GRAMM

DRESDEN

Barocke Pracht
Den filigranen Zauber des Dresdner Zwinger zu erhalten ist eine Mammutaufgabe. Die Zwingerbauhütte wird demnächst 100 Jahre alt.

Gläserklirren
An den sonnigen Elbhängen bei Dresden gedeihen preisgekrönte Weine. Auf zur Verkostung!

Märchenlandschaft
In den bizarren Felsformationen der Sächsischen Schweiz wurde das Freiklettern erfunden.

www.dumontreise.de

BALTIKUM

Hochmodern und digital ...
... können die drei charmanten Hauptstädte auch, neben feinstem Jugendstil und prächtigem Barock.

Frische Seeluft
Was die Küste auszeichnet? Ihre weiten Sandstrände, Dünen und oft menschenleere Buchten.

Schmuckstücke
Es gibt gute Gründe, feudale Gutshöfe und Schlösser zu sanieren. In einigen kann man herrschaftlich nächtigen.

LIEFERBARE AUSGABEN

DEUTSCHLAND
207 Allgäu
216 Altmühltal
220 Bayerischer Wald
180 Berlin
162 Bodensee
217 Brandenburg
175 Chiemgau, Berchtesg. Land
237 Dresden, Sächsische Schweiz
152 Eifel, Aachen
157 Elbe und Weser, Bremen
168 Franken
020 Frankfurt, Rhein-Main
112 Freiburg, Basel, Colmar
231 Hamburg
026 Hannover zw. Harz und Heide
042 Harz
023 Leipzig, Halle, Magdeburg
210 Lüneburger Heide
188 Mecklenburgische Seen
038 Mecklenburg-Vorpommern
033 Mosel
190 München
047 Münsterland
223 Nordseeküste Schleswig-Holstein
006 Oberbayern
161 Odenwald, Heidelberg
035 Osnabrücker Land
002 Ostfriesland
164 Ostseeküste Mecklenburg-Vorpommern
154 Ostseeküste Schleswig-Holstein
201 Pfalz
040 Rhein zw. Köln und Mainz
185 Rhön
186 Rügen, Usedom, Hiddensee
206 Ruhrgebiet
149 Saarland
182 Sachsen
159 Schwarzwald Norden
045 Schwarzwald Süden
018 Spreewald, Lausitz
008 Stuttgart, Schwäbische Alb
239 Sylt, Amrum, Föhr
204 Teutoburger Wald
170 Thüringen
037 Weserbergland

BENELUX
156 Amsterdam
011 Flandern, Brüssel
179 Niederlande

FRANKREICH
177 Bretagne
021 Côte d'Azur
032 Elsass
228 Frankreich Südwesten Okzitanien
019 Korsika
213 Normandie
235 Paris
198 Provence

GROSSBRITANNIEN/ IRLAND
187 Irland
202 London
189 Schottland
227 Südengland

ITALIEN/MALTA/ KROATIEN
181 Apulien, Kalabrien
211 Gardasee
222 Golf von Neapel, Kampanien
163 Istrien, Kvarner Bucht
215 Italien, Norden
233 Kroatische Adria
167 Malta
155 Oberitalienische Seen
158 Piemont, Turin
014 Rom
165 Sardinien
003 Sizilien
203 Südtirol
039 Toskana
232 Venedig, Venetien

GRIECHENLAND/ ZYPERN/TÜRKEI
034 Istanbul
016 Kreta
176 Türkische Südküste, Antalya
229 Zypern

MITTEL- UND OSTEUROPA
236 Baltikum
208 Danzig, Ostsee, Masuren
169 Krakau, Breslau, Polen Süden
044 Prag
193 St. Petersburg

ÖSTERREICH/ SCHWEIZ
192 Kärnten
004 Salzburger Land
196 Schweiz
226 Tirol
197 Wien

SPANIEN/PORTUGAL
043 Algarve
214 Andalusien
150 Barcelona
025 Gran Canaria, Fuerteventura, Lanzarote
172 Kanarische Inseln
199 Lissabon
209 Madeira
174 Mallorca
225 Porto, Portugal Norden
007 Spanien Norden
219 Teneriffa, La Palma, La Gomera, El Hierro

SKANDINAVIEN/ NORDEUROPA
166 Dänemark
212 Finnland
153 Hurtigruten
029 Island
200 Norwegen Norden
178 Norwegen Süden
151 Schweden Süden, Stockholm

LÄNDERÜBERGREIFENDE BÄNDE
224 Donau – Von der Quelle bis zur Mündung
112 Freiburg, Basel, Colmar
221 Kreuzfahrt in der Ostsee

AUSSEREUROPÄISCHE ZIELE
183 Australien Osten, Sydney
109 Australien Süden, Westen
218 Bali, Lombok
195 Costa Rica
234 Dubai, Abu Dhabi, VAE
160 Florida
036 Indien
205 Iran
027 Israel, Palästina
230 Kalifornien
031 Kanada Osten
191 Kanada Westen
171 Kuba
238 Marokko
022 Namibia
194 Neuseeland
041 New York
184 Sri Lanka
048 Südafrika
012 Thailand
046 Vietnam